성·경·에·서·본

출애굽 루트

— 장관흥 지음 —

쿰란출판사

들어가는 말

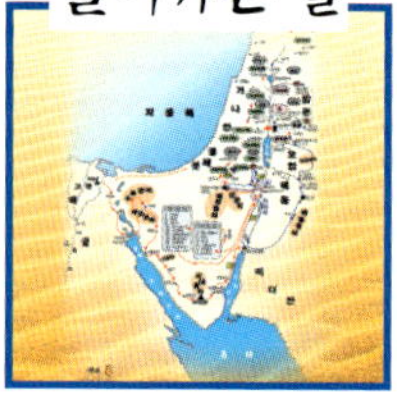

출애굽 루트(route)는 구약의 핵심적인 구속사의 운동이다. 이스라엘 백성의 광야 40년간 방랑 속에는 하나님의 사랑과 긍휼뿐 아니라 사건 속의 이적들은 그리스도에 대한 예표와 상징을 담고 있다. 또한 바로의 학정 아래서 해방된 이스라엘이 자유와 기쁨을 누리지 못한 채 하나님께 거친 반항의 모습을 보인 행위는 실로 드라마틱한 구속사의 한 장면들이라 하지 않을 수 없다.

이처럼 구속사가 담긴 출애굽 루트야말로 현시대나 후세대에 하나님이 함께하신 역사적인 사실로 간직되어야 한다. 그러기 위해서는 이스라엘이 주둔한 장소를 성경적으로 살펴 그 위치가 분명하고 명확해야 한다. 바꿔 말해 하나님의 역사적인 사실이 왜곡되거나 희석되어서는 안 된다는 것이다. 이 같은 역사 현장 속에 나타난 구속사적인 내용이 담긴 출애굽 루트야말로 하나님의 살아 계신 명백한 증거이기에 어찌 예사로 넘길 수 있겠는가?

최근에 필자는 신 출애굽 루트(route) 주장자들의 고고학적 자료에 대하여 관심을 가졌던 바, 이에 성경을 근거하여 상세히 밝히려고 한다. 고대 문헌이나 학설도 중요하지만 상호간 주장하는 학설만 인용·거론하다 보면 결론이 나지 않을 것으로 보인다. 이로써 먼저 성경을 주 텍스트(text)로 하여 기존 출애굽 루트와 신 출애굽 루트를 대조하면서 성경적으로 출애굽 루트를 풀어보려고 한다. 서두에서 일러두지만 성경의 역사적인 면만 다루도록 하겠다.

신 출애굽 루트를 주장하는 한국의 대표적인 인물 김승학 씨는 그의 저서 《떨기나무》와 '동영상'을 통해 이스라엘 백성이 40년간 광야생활한 장소가 현 시나이 반도에 속한 시내 광야(시내 산)와 기존 출애굽 루트가 아니라, 사우디아라비아에 있는 라오즈 산을 중심한 신 출애굽 루트가 이스라엘이 40년간 방랑했던 실제 장소라고 한다.

《떨기나무》 저자의 이 같은 주장은 안식일 교인이며 탐험가로 활동했던 아마추어 고고학자에 불과한 론 와이어트의 영향을 받게 된 것으로 보인다. 론 와이어트의 비디오테이프와 그의 박물관의 자료를 통해 사우디아라비아의 라오즈 산에 대한 많은 정보를 수집하게 되었고, 게다가 사우디 왕실의 주치의로 활동하는 동안 군사제한구역에 십여 차례 답사한 후 고고학적 자료를 확보한 데서 기인한다 하겠다.

필자는 그의 저서와 강연을 비판하고자 함이 아니라 성경을 바르게 해석하고 이해하도록 하기 위함이다.

이 책에서는 성경을 텍스트로 하고, 또 과학적 근거와 아라비아 출신인 무함마드가 기록한 쿠란을 참고하려고 한다. 무함마드와 쿠란은 아라비아에서 나왔기 때문이다. 먼저 떨기나무 후기에 대한 질의를 반론한 후에 성경적 출애굽 루트를 살펴보겠다. 제1부 떨기나무 후기 반론, 제2부 성경에서 본 출애굽 루트, 제3부 무함마드·쿠란 순으로 살펴보려고 한다. 필자가 컴퓨터로 제작한 지도를 참고하시면, 지리적 위치와 방향에 있어 본 책자의 내용을 이해하는 데 도움이 될 것이다. 뿐만 아니라 독자가 쉽게 이해하도록 출애굽 루트 위치(전체 지도의 경로 화살표)에 따라 부호를 붙여 성구를 적어두었다. 특히 개역개정 성경은 오류가 많아 개역성경을 인용함을 일러둔다.

2016년 7월 1일

장관홍

차례

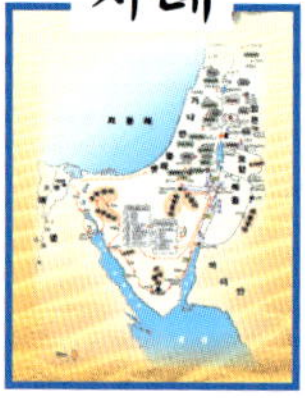

| 제2부 | 성경에서 본 출애굽 루트

제1장 출애굽의 역사적 사실의 진위

제2장 가데스 바네아의 위치는 어디인가?

제3장 시나이 광야를 각국의 영토로 보는 견해

제4장 시내 산의 위치와 주변 바위들

성경에서 본 출애굽 루트

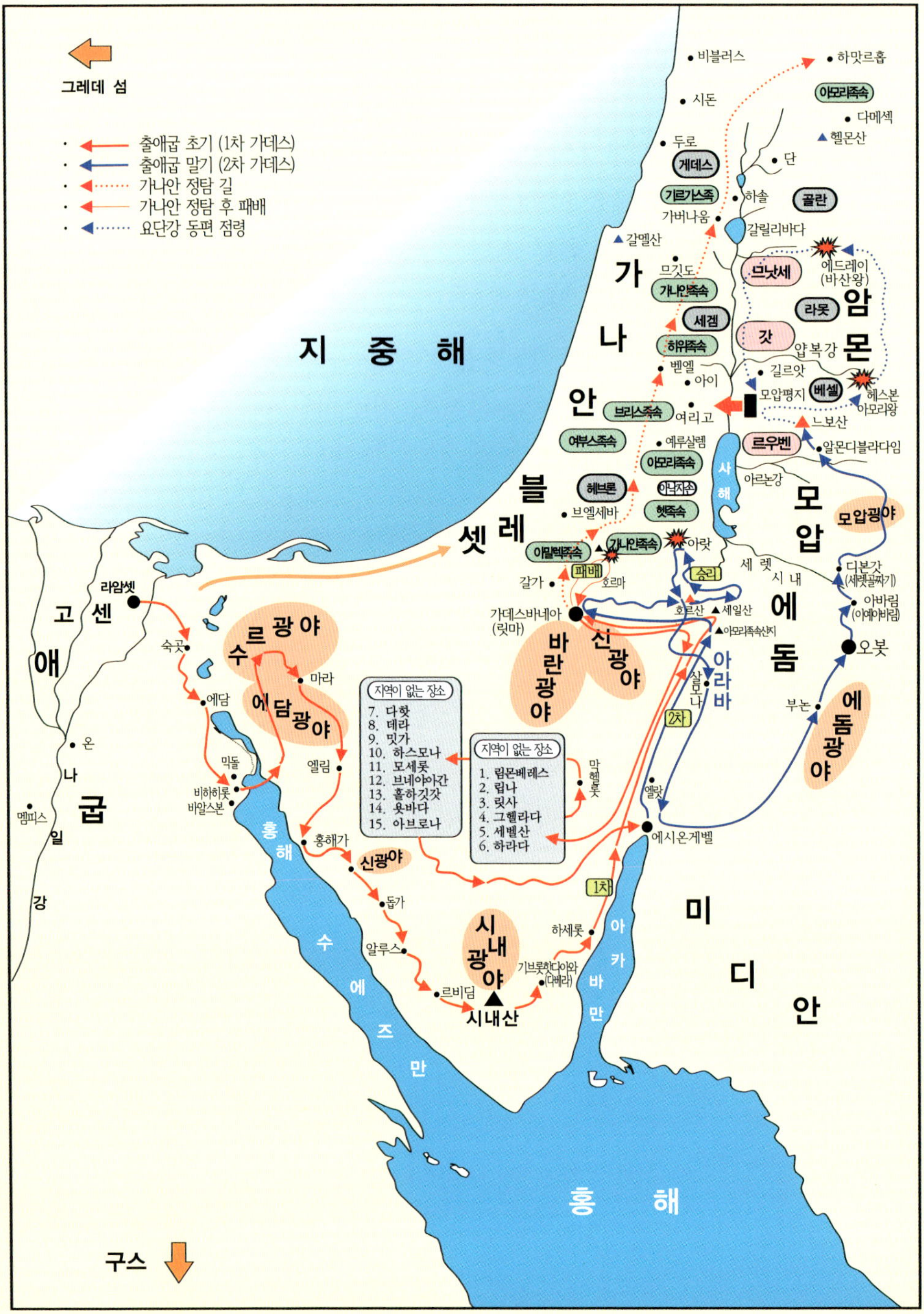

♣ 특허청에 특허 등록된 지도(등록 제30-0854431호)

제1부

떨기나무 후기 반론

I. 시나이 반도의 시내 산이 진짜 시내 산이 아닌 9가지 이유

1. 시나이 반도는 당시에 애굽 땅이었다

시나이 반도는 이스라엘에 의해 1967년 침공 당하기까지는 외부인으로부터 침략이나 점령을 한 번도 당한 적이 없는 애굽 땅이었다. 애굽에서 탈출하고자 홍해를 건넌 이스라엘 백성이 다시 애굽 영토인 그곳으로 돌아가서 11개월을 살았다는 것은 어불성설이다. 홍해는 시나이 반도를 중심으로 양팔을 벌리고 있는 듯하다. 왼팔 끝은 수에즈로 연결되고 오른팔 끝은 아카바(엘라트)이다. 만약 전승되어 온 것처럼 시나이 반도에 있는 무사 산이 시내 산이라면, 이스라엘 백성들은 홍해를 건너 미디안 땅에 왔다가 다시 홍해로 건너오든지 아니면 아카바로 돌아와야 한다는 억지 가설을 만들어야 한다.

1.에 대한 반론

현 시나이 반도는 당시 생명이 존재할 수 없는 죽음의 땅이었다. 그것은 애굽 여인 하갈과 그의 아들 이스마엘이 아브라함의 집에서 쫓겨나 브엘세바 광야로 잘못 들어갔다가 죽음의 위기를 겪는 것을 보아서 잘 알 수 있다(창 21:14-16). 그래서 광야는 외부로부터 적에게 침입을 당하거나 또는 적의 침략 때문에 경계를 설 필요가 없는 지역이다. 단지 모세 시대에 르비딤에서 이제 막 출애굽한 이스라엘과 유목생활을 했던 아말렉 족속과의 전투가 있었을 뿐이다(출 17:8-13).

만약 현 시나이 반도가 당시 애굽 영토였다면 아말렉 족속이 애굽 영토를 침범하게 되었을 것이다. 뿐만 아니라 이스라엘과 전투를 치를 때 모세의 팔이 위아래로 오르내릴 때마다 이스라엘과 아말렉이 서로 밀고 밀리는 전투였다고 한다면, 아말렉 족속의 수는 그리 적은 숫자가 아니었을 것으로 본다. 그렇다면 수많은 아말렉이 애굽에 침범했는데도 애굽은 일언반구도 없었던 것으로 보아, 현 시나이 반도는 당시 애굽의 영토가 아니었음을 알 수 있다.

현 시나이 반도는 여러 광야, 즉 바란 광야(창 21:21), 수르 광야(출 15:22), 신 광야(출 16:1), 신 광야(민 13:21), 에담 광야(민 33:8), 시내 광야(출 19:1)가 있었지만, 성경은 하나님이 율법을 하사하신 시내 산을 중심하였기 때문에 대표적으로 시내(סִינַי, 시나이) 광야로 일컫고 있다. 이로써 시내 광야, 즉 시나이 광야로 일컬어 오늘날 시나이 반도로

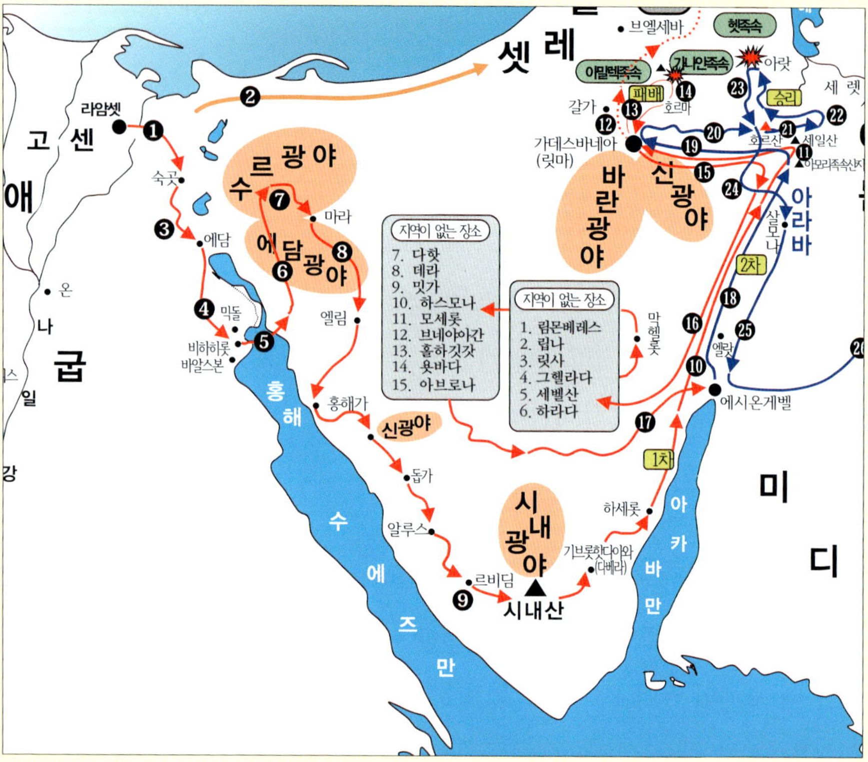

호칭하고 있다. 현 시나이 반도에 대하여 제2부 애굽 라암셋에서 광야까지의 거리(km)와 지리적 위치 등을 상세히 언급하고자 한다.

2. 이스라엘은 이집트에서 조상들의 흔적을 찾아내지 못했다

시나이 반도의 모양은 역삼각형으로 반도 북쪽으로는 지중해이며 서쪽 윗부분은 수에즈만과 수에즈 운하, 그리고 아프리카를 연결하고 동쪽 윗부분은 아카바 만을 사이에 두고 이집트와 이스라엘, 요르단, 사우디아라비아를 연결한다. 시나이 반도는 아프리카와 아시아를 잇는 교량 역할을 하고 있다. 시나이 반도는 6일 전쟁이 일어나기 전까지는 외부인으로부터 침략이나 점령을 한 번도 당한 적이 없었다. 그러다가 이스라엘이 석유 수입 경로를 차단한 이집트를 1967년 침공해서 6일 전쟁을 일으켰으며, 그 이후 1982년 4월까지 15년 동안 이스라엘이 시나이 반도를 다스렸다. 하지만 미국의 카터 대통령의 중재로 이집트와 이스라엘은 평화 협정을 맺음으로써 이 땅은 다시 이집트 통치하에 들어가게 되었다.

이스라엘은 그 15년 동안 시나이 반도에서 여러 가지 지질조사와 군사 훈련을 펼쳤으나 가장 중요한 프로젝트는 조상들의 흔적을 찾는 것이었다. 시나이 반도를 고고학자와 지질학자들이 바둑판 쪼개듯 면밀히 뒤졌으나 광야생활 40년의 흔적은 하나도 발견하지 못했다. 더욱이 그들의 무사 산을 시내 산이 아니라고 단정 짓기에 이른다. 만약에 시나이 반도의 무사 산에서 모세와 이스라엘 백성의 광야생활 흔적을 발견했더라면, 미국의 카터 대통령이 아니라 그의 할아버지가 찾아온다 하더라도 이스라엘 백성들은 절대로 이집트에게 돌려주지 않았을 것이다.

2.에 대한 반론

이스라엘 백성이 출애굽 할 그 밤은 긴박한 상태였다. 애굽 사람의 장자를 죽이는 임박한 재앙을 앞둔 이스라엘이 어린 양을 잡아 그 피를 좌우 문설주와 인방에 바르고 양고기와 무교병과 쓴 나물을 먹되 허리에 띠를 띠고 발에 신을 신고 손에 지팡이를 잡은 채 급히 먹어야 하는 상황이었다(출 12:6-11). 이는 이스라엘이 애굽을 급히 탈출해야 하는 목민으로서의 무장과 또한 광야 도보를 위해 육식으로 배를 채워야 할 것에 대하여 잘 보여 주고 있다. 유월절 밤에 이스라엘의 출애굽 사태가 얼마나 급박했으면 양식을 준비하지 못했다고 한다.

"그들이 가지고 나온 발교되지 못한 반죽으로 무교병을 구웠으니 이는 그들이 애굽에서 쫓겨남으로 지체할 수 없었음이며 아무 양식도 준비하지 못하였음이었더라"(출 12:39).

또한 이스라엘의 음식 문화를 이해할 필요가 있다. 이스라엘은 그리 많은 식기가 필요하지 않다. 그런데다 긴장되고 급박한 출애굽 시에 겨우 간단한 식기만 챙겼을 뿐이다.

"백성이 발교되지 못한 반죽 담은 그릇을 옷에 싸서 어깨에 메니라"(출 12:34).

이스라엘의 사정을 잘 아신 하나님은 엘림과 시내 산 사이 신 광야에 도착했을 때 하늘에서 만나를 매일 비같이 내려주셨다. 이로써 이스라엘은 양식을 저장할 항아리와 그릇이 필요하지 않았음을 알 수 있다.

"이스라엘 자손의 온 회중이 엘림에서 떠나 엘림과 시내 산 사이 신 광야에 이르니 애굽에서 나온 후 제 이월 십오일이라"(출 16:1).

"때에 여호와께서 모세에게 이르시되 보라 내가 너희를 위하여 하늘에서 양식을 비같이 내리리니 백성이 나가서 일용할 것을 날마다 거둘 것이라"(출 16:4).

이로 볼 때 이스라엘의 광야생활 40년의 흔적을 발견하기란 쉽지 않을 뿐더러, 또한 주전 3500년 전을 감안하면 자연의 여러 현상(지속적인 폭풍) 속에 광야의 지형구조가 변동되었다고 볼 수 있다. 다시 말해 이스라엘 학자들이 '15년 동안 시나이 반도에서 여러 가지 지질조사'를 한들 이스라엘의 흔적을 찾을 수 없었던 것은 급박한 출애굽 시에 생활식기, 아니 양식도 챙기지 못한 형편만 아니라 출애굽 이후에도 광야 40년간 하나님은 만나를 내려주셨고 구름기둥과 불기둥으로 주야로 이스라엘을 추위와 더위로부터 보호해 주셨기 때문에 시내 광야(시나이 반도)에서의 집터 유적이 있을 리가 만무한 것이다.

3. 시나이 반도의 시내 산은 이스라엘 백성들이 시나이 반도를 지나기 3천여 년 전부터 '신'(=시나)이라 불렸다.

시나이의 어원은 메소포타미아의 아카디아 말 '신'(Sin)에서 유래되었는데, 지금으로부터 약 5000년(기원전 3000년경) 전부터 이 지역에서 달신[月神]을 섬긴 데서 전승되어 온 것으로 알려진다. 미국의 성경고고학자 알프레드 하워드의 저서 《고고학과 구약성경》에 의하면 메소포타미아의 주신은 '아누'(Anu)이고, 차등에 해당하는 '달신'은 아브라함 당시 '우르' 지역에서 '신'(Sin)이라고 했다. 그 이전에는 '난나'(Nana)라 하여 어둠, 달, 음력을 주관하는 신이었다. 이 달신인 '신'은 아라비아 전 지역과 시나이 반도로 급속히 전파되어 갔다.

3.에 대한 반론

신앙인은 성경이 주 텍스트(text)가 되어야 한다. 학설도 중요하지만 무엇보다 성경에서 원인과 과정 그리고 결과를 찾아 해석해야 한다. 그 어떤 학설을 성경의 우위에 놓는 행위는 위험하지 않을 수 없다. 왜냐하면 진·보수의 학자마다 견해 차이가 있고, 동일 계열의 학자라 할지라도 달리 해석할 수 있기 때문이다. 성경의 같은 본문을 놓고도 학자들 간에 견해가 다르기도 하다. 고대의 문헌이 모두는 아니지만, 특히 성경에서 벗어난 고대 문헌과 학설로의 반증은 신중해야 한다.

'달신인 신'(Sin)은 아라비아 전 지역과 시나이 반도로 급속히 전파되어 갔다'고 하였다. 하지만 당시 시나이 반도는 인가(人家)도 없는 황량한 광야로서 어떻게 시나이 반도에 급속히 전파될 수 있었는지 의문스럽지 않을 수 없다. 만약 성경의 역사적인 내용에 대하여 근거가 될 만한 문헌은 참고할 수 있겠지만, 이보다 먼저 성경에 명시가 되었다면 성경에 준하여 바로 해석하고 이해해야 한다. 왜냐하면 성경은 정확무오하기 때문이다.[1)]

위의 1.에 대한 반론에서 언급한 바, 현 시나이 반도에는 바란 광야(창 21:21), 수르 광야(출 15:22), 신 광야(출 16:1), 신 광야(민 13:21), 에담 광야(민 33:8), 시내 광야(출 19:1)가 있었다. 성경은 하나님이 율법을 하사하신 시내 산을 중심하였기 때문에 대표적으로 시내(시나이) 광야로 일컫는다. 이로써 시내 광야, 즉 시나이 광야로 일컬어 오늘날 시나이 반도로 호칭하고 있다. '반도'(半島)란 후일에 붙여진 용어이다.

성경에 '시내(시나이) 광야'와 '신 광야'는 3.에서 주장하는 '신(=시나)'과는 달리 한 장소가 아니라 두 곳으로 구분하고 있다. 민수기 33장은 출애굽한 이스라엘이 광야에서 장막을 친 장소를 순서대로 기록하고 있다. 이에 관련된 구절을 보자.

"홍해 가에서 발행하여 신 광야에 진쳤고 신 광야에서 발행하여 돕가에 진쳤고 돕가에서 발행하여 알루스에 진쳤고 알루스에서 발행하여 르비딤에 진 쳤는데 거기는 백성의 마실 물이 없

1) 대한예수교장로회 총회헌법 제2부 교리 Ⅰ. 신조 1항, Ⅱ. 웨스트민스터 신앙고백 제1장 성경 5항

었더라 르비딤에서 발행하여 시내 광야에 진쳤고"(민 33:11-15).

위의 구절은 이스라엘이 광야에서 장막을 친 장소이다. 살펴보면 '신 광야'에 장막을 친 것과, '시내 광야'에 장막을 친 것에 대하여 장소를 각각 구분한다. '시내'와 '신'은 같은 의미가 있거나 같은 장소가 아니라는 것이다. 3.의 주장에서 '신'과 '시나'를 같은 뜻, 같은 지명('신=시나')으로 언급했지만, 히브리 원어는 달리 해석하고 있다. 성경은 분명 다른 장소임을 말한다. 원어 '시내'(סִינַי, 시나이)와 '신'(סִין, 신)은 다른 뜻을 지녔을 뿐 아니라 지명도 다르다.

또한 '시내 광야'와 '신 광야'가 구분되었듯이, 성경에서 '신 광야'는 지역적으로 두 곳을 언급하고 있다. 출애굽 초기에 엘림과 시내 산 사이에 위치하는 '신 광야'가 있는가 하면, 가나안에 열두 정탐꾼을 파견한 장소인 가데스로 그 부근에 '신 광야'가 있었다. 출애굽 초기에 이스라엘이(애굽에서 1월 15일에 출발하여 그해 2월 15일에 신 광야에 도착) 신 광야에 도착한 기간은 출애굽한 지 1개월째이고(출 16:1), 열두 정탐꾼을 파견한 가데스 부근의 신 광야에 도착 시기는 시내 산에서 체류한 지 11개월 5일(민 10:11, 12)이 지난 이후이다.

"이스라엘 자손의 온 회중이 엘림에서 떠나 엘림과 시내 산 사이 신 광야에 이르니 애굽에서 나온 후 제 이월 십오일이라" (출 16:1).

"이에 그들이 올라가서 땅을 탐지하되 신 광야에서부터 하맛 어귀 르홉에 이르렀고" (민 13:21).

"이는 신 광야에서 회중이 분쟁할제 너희가 내 명을 거역하고 그 물 가에서 나의 거룩함을 그들의 목전에 나타내지 아니하였음이니라 이 물은 신 광야 가데스의 므리바 물이니라"(민 27:14).

이처럼 신 광야가 두 장소로 각각 지역이 다른 것은, 출애굽기 16장 1절의 원어 '신'(סִין, 신)과 민수기 13장 21절의 '신'(צִן, 친)이 다른 지명을 나타내기 때문이다. 성경에 우리글에는 같은 '신' 광야로 기록되었지만 원어상에는 지명이 전혀 다르게 나타나고 있다. 이로 보아 하나님께 율법을 하사받은 시내 산은 시내(시나이) 광야에 속한 바, 3.에서 주장하는 대로 '신'(=시나)은 동일한 뜻과 장소가 아닌 '신'과 '시내'(시나이)로 구분하고 있으며, 또 두 곳의 '신' 역시 지명과 장소가 전혀 다른 지역임을 성경은 말하고 있다. 그러므로 ⓐ 출애굽기 19장 1절의 시내 산이 있는 '시내'(סִינַי, 시나이) 광야와 ⓑ 출애굽기 16장 1절의 '신'(סִין, 신) 광야, 그리고 ⓒ 민수기 13장 21절의 '신'(צִן, 친) 광야는 한 장소가 아닌 세 지역으로 각각 구분하고 있다.

4. 시나이 반도의 시내 산은 기원 후 527년 순례객들을 충족시키기 위해 급조된 성지일 뿐이다.

로마가 그리스도인을 살육하는 등 박해가 심해지자, 황제 클레오티안 시대에는 그리스도인의 재산을 몰수하고 직업을 박탈했다. 그리스도인들이 사자 굴에서 처참하게 죽음을 맞게 되자 주로 이집트 주위의 예수 믿는 자들은 그 박해를 피해 뿔뿔이 흩어지기 시작했다. 그들은 주로 인적이 없는 깊은 산속으로 피했다. 2세기 초부터 일부 그리스도인과 은둔자와 수도승들이 숨어서 신앙생활을 하고 있었다(중략). 주후 5세기 이전에는 그 어느 기록에도 거기를 시내 산이라 부르거나 기록한 적이 없다는 사실이 이를 입증하고 있다.

4.에 대한 반론

성경은 현 시나이 반도를 모세 시대부터 시내 산, 시내(סִינַי, 시나이) 광야로 일컬었다. 위의 주장대로 '그리스도인과 가톨릭의 수도승들이 시내 산에 은둔했다'면 그 부근 광산지역에 파견된 애굽 군사들에 의해 애굽을 불법 침입한 자들로 추방되었거나 감금시켰을 것이다. 그리고 6.의 주장에서 "시나이 반도의 무사 산에는 지금도 구리와 터키석을 비롯한 광산이 있다. 예로부터 광산이 있는 곳에는 군인들이 지키고 있기 마련이다"라는 글을 인용한다면, 르비딤에서 이스라엘과 아말렉이 하루 종일 전투할 때(출 17:8, 12), 근처 시내 산에 있던 애굽 군사들이 상부에 전령을 보내 애굽 군사(보병)를 대거 투입시킬 수 있었다. 이때는 이스라엘이 출애굽한 직후로 바로가 이스라엘을 급히 쫓느라 애굽의 마병과 전차부대로 출격한 군사가 홍해로 진입하다 수장되기는 하였으나 이외 애굽에 보병이 있었던 고로 군사를 요청할 수 있었다. 그럼에도 이에 대해서 성경은 아무 말이 없다. 현 시나이 반도는 여러 가지 여건을 고려해 볼 때 애굽의 영토가 아님을 판명해 주고 있다.

> "바로가 곧 그 병거를 갖추고 그 백성을 데리고 갈새 특별 병거 육백승과 애굽의 모든 병거를 발하니 장관들이 다 거느렸더라"(출 14:6, 7).
>
> "애굽 사람들과 바로의 말들, 병거들과 그 마병들이 다 그 뒤를 좇아 바다 가운데로 들어오는지라"(출 14:23).

또한 4.의 주장에서 "그리스도인들이 박해로 주로 이집트 주변에 흩어졌다"라고 하였는데, 사실 박해로 인해 흩어진 신앙인들은 주로 구라파의 관문인 빌립보와 터키의 변방을 비롯해 소아시아 지역에 살았다. 초대교회 이후부터 중세시대에 이르기까지 핍박받은 자들의 은둔한 경로지로 볼 수 있겠다. 이어 4.에서 "주후 5세기 이전에는 그 어느 기록에도 거기를 시내 산이라 부르거나 기록한 적이 없다"라고 하였지만, 성경은 주전 1500년 전부터 모세는 시내 산이 시내 광야에 속했다고 기록하고 있다.

> "여호와께서 시내 광야에서 이스라엘 자손에게 그 예물을 여호와께 드리라 명하신 날에 시내 산에서 이같이 모세에게 명하셨더라"(레 7:38).

분명한 사실은 레위기서에서 시내 산이 시내 광야에 속한 동일한 지역임을 명시하고 있다는 것이다. 먼저 레위기 1장 1절 서두와 7장 38절의 결미를 주의 깊게 살펴볼 필요가 있다. 레위기 1장 1절에서 레위기 7장 38절 사이의 장, 절은 제사제도에 대한 내용이다. 하나님께서 제사제도를 위해 회막(성막)에서 모세를 부르신 때는(레 1:1), 성막이 건립된 출애굽 제2년 1월 1일부터(출 40:17), 이스라엘이 시내 산을 떠난 그해 2월 20일 사이로 볼 수 있다(민 10:11, 12). 그렇다면 하나님은 성막을 완성한 후 1개월 20일 기간에 성막에 현현하셔서 모세에게 제사제도를 지시하셨다. 이에 구절들을 나열하면,

"제 이년 정월 곧 그 달 초일일에 성막을 세우니라"(출 40:17).

"여호와께서 회막에서 모세를 부르시고 그에게 일러 가라사대"(레 1:1).

"여호와께서 시내 광야에서 이스라엘 자손에게 그 예물을 여호와께 드리라 명하신 날에 시내 산에서 이같이 모세에게 명하셨더라"(레 7:38).

"제 이년 이월 이십일에 구름이 증거막에서 떠오르매 이스라엘 자손이 시내 광야에서 출발하여 자기 길을 행하더니 바란 광야에 구름이 머무니라"(민 10:11, 12).

시내 광야에서 건립한 성막에 현현하신 하나님이 모세에게 제사제도를 지시한 장소가 시내 산으로서 시내 광야와 동일한 지역임을 언급하고 있다. 그것은 '여호와께서 회막에서 모세를 부르셨다'는 말씀을 보아(레 1:1), 성막을 건립한 시내 광야가 동일한 지역인 시내 산

임을 알 수 있다.

5. 출애굽해서 십계명을 받기까지 11개월 5일 동안 애굽 땅에 있었다는 것은 말이 되지 않는다.

이스라엘 백성이 유월절 밤에 출애굽해서 홍해를 건너고 엘림과 신 광야를 지나 시내 광야에 들어와서 십계명을 받고 떠날 때까지의 기간은 정확히 11개월 5일이다. 애굽 군사들이 뒤쫓아오는 상황에서 11개월 5일 동안을 애굽 땅에 있었다는 것은 어불성설이다.

5.에 대한 반론

현 시나이 반도 광야는 당시 생명을 부지할 수 없는 땅이었다. 예를 들면, 모세 시대와 사울 왕 시대에 이스라엘과 아말렉 족속과의 전쟁에서 아말렉을 전멸시킨 두 사건이 있었다(출 17:8-16; 삼상 15:1-8). 이스라엘 백성과 유목생활을 했던 아말렉 족속과 치열한 전쟁을 치른 곳이 현 시나이 반도 지역이다. 모세 시대는 아말렉과의 전쟁 지역이 르비딤이었는가 하면(출 17:8-16), 사울 왕 시대는 하윌라에서부터 애굽 앞 술까지라고 하였다. 이때 하나님이 선지자 사무엘을 통해 사울에게 명령했던 일이다. 성경에 "사울이 하윌라에서부터 애굽 앞 술에 이르기까지 아말렉 사람을 치고"(삼상 15:7)라고 하였다. 모세 시대와 사울 시대와의 연대 간격은 무려 450년이나 떨어진 후였음에도 현 시나이 반도가 여전히 애굽 땅이 아니었음을 알 수 있다.

'술'은 술 광야 또는 수르(שׁוּר, 슈르) 광야로 불리는 곳이다. '술'은 가나안 남서쪽 지중해 연안과 수에즈 만 홍해(이하, ⓐ수에즈 만 홍해, ⓑ아카바 만 홍해)의 끝자락 사이 애굽 앞 부근에 위치한다. 그래서 '애굽 앞 술'이라 하였다. '애굽 앞 술'에 대하여 살펴보자.

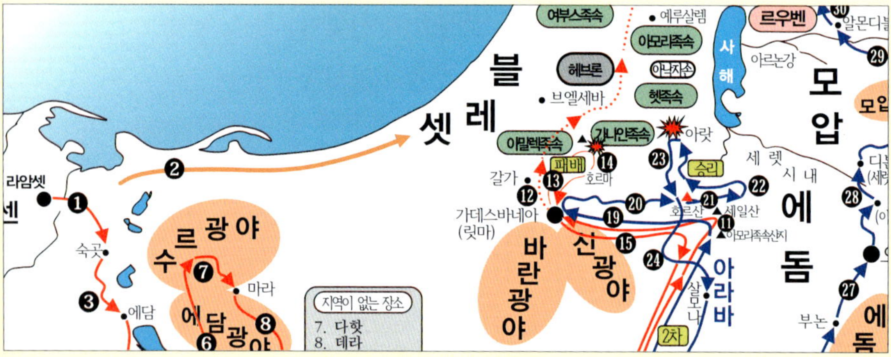

만약 현 시나이 반도가 애굽 영토라고 한다면, 이스라엘이 아말렉을 진멸하기 위해 애굽 영토인 '애굽 앞 술 광야'까지 깊숙이 추격하여 그들을 과연 진멸할 수 있겠는가? 이는 국가 간의 문제로 애굽은 자국의 영토를 침범한 이스라엘과 자칫 전쟁을 치르는 상황까지 이를 수 있다. 그리고 이스라엘에게 쫓기는 아말렉이 타국의 영토인 애굽에 진입할 수도 없을 뿐더러 만일 애굽에 진입했다고 하면 이는 애굽으로의 망명이라 하겠다.

이를테면 사울 왕에게 쫓기던 다윗이 가나안 남부의 지중해 연안에 있는 블레셋에 망명했을 때, 사울은 다윗에 대해 손을 쓰지 못했던 일이 있었다(삼상 27:1-4). 더구나 다윗은 블레셋의 시글락에 거할 때 그술 족속, 기르스 족속, 아말렉 족속을 침략하여 얻은 전리품을 블레셋 왕 아기스에게 바친 일이 있었다(삼상 27:1-10). 다윗이 진멸시킨 세 족속은 옛적부터 술(수르 광야)과 애굽 땅으로 지나다니는 지방의 거민이었다(삼상 27:8). 세 족속이 가나안 남부에서 지중해 연안을 따라 애굽을 가려면 반드시 술(수르 광야)을 경유해야만 했다. 이로 보아 현 시나이 반도가 애굽 영토가 아니기 때문에 이스라엘이 '애굽 앞 술'(가나안 서남쪽의 지중해 연안과 [8]수에즈 만 홍해의 끝자락 사이 애굽 앞 부근)까지 도주한 아말렉 족속을 추격해 진멸했어도 애굽이 그들의 전쟁에 간섭하지 않았다. 당시 애굽이 얼마나 큰 강대국이었는가! '애굽 앞 술'(술 광야, 수르 광야)이라는 사실을 인식해야 할 것이다.

더 나아가, 하나님은 일찍이 아브라함과의 약속에서 그의 후손에게 '애굽 강에서부터 큰 강 유브라데'까지 주시기로 말씀하셨다. 하지만 이스라엘 백성은 하나님의 약속을 이행하지 못했다.

"그날에 여호와께서 아브람으로 더불어 언약을 세워 가라사대 내가 이 땅을 애굽 강에서부터 그 큰 강 유브라데까지 네 자손에게 주노니"(창 15:18).

"애굽 강"이란 애굽의 대표적인 강으로 나일 강을 말한다. 원어 '나하르'(נָהָר)는 연중(年中) 끊이지 않고 물이 흐르는 강을 가리키는 말이다. 이는 아프리카의 빅토리아 호수에서 발원한 물이 북쪽으로 흘러 애굽을 통과하여 지중해로 흘러 들어가는데 길이가 약 6,800km의 나일 강을 가리킨다. 하나님은 가나안에서 애굽 앞 술까지만 아니라, 애굽의 나일 강까지 깊숙이 이스라엘의 영토로 약속을 하셨다. 하지만 이스라엘은 자기의 영토로 소유하지 못하는 어리석음을 범하고 말았다. 중요한 것은 지리적 위치를 언급하고 있다는 것이다.

신 출애굽 루트의 주장대로 현 시나이 반도가 애굽 땅이라 한다면, 가나안 남부에서 ⓑ아카바 만 홍해 끝자락인 에시온 게벨의 중간 사이가 애굽의 경계로 그 부근이 '술' 광야가 될 것이다. 그리고 하나님이 아브라함에게 "애굽 강에서부터 그 큰 강 유브라데까지 네 자손에게 주신다"라고 약속하셨는데, 이 국경 지역에는 애굽의 나일 강이 없다는 사실이다. 애굽의 나일 강 위치로 볼 때 지리적으로 맞지 않다.

더욱 확실한 성경 구절을 소개하고자 한다.

> "바로가 백성을 보낸 후에 블레셋 사람의 땅의 길은 가까울지라도 하나님이 그들을 그 길로 인도하지 아니하셨으니 이는 하나님이 말씀하시기를 이 백성이 전쟁을 보면 뉘우쳐 애굽으로 돌아갈까 하셨음이라"(출 13:17).

위의 구절을 보면, 애굽에서 가나안으로 가는 지름길이 지중해 해

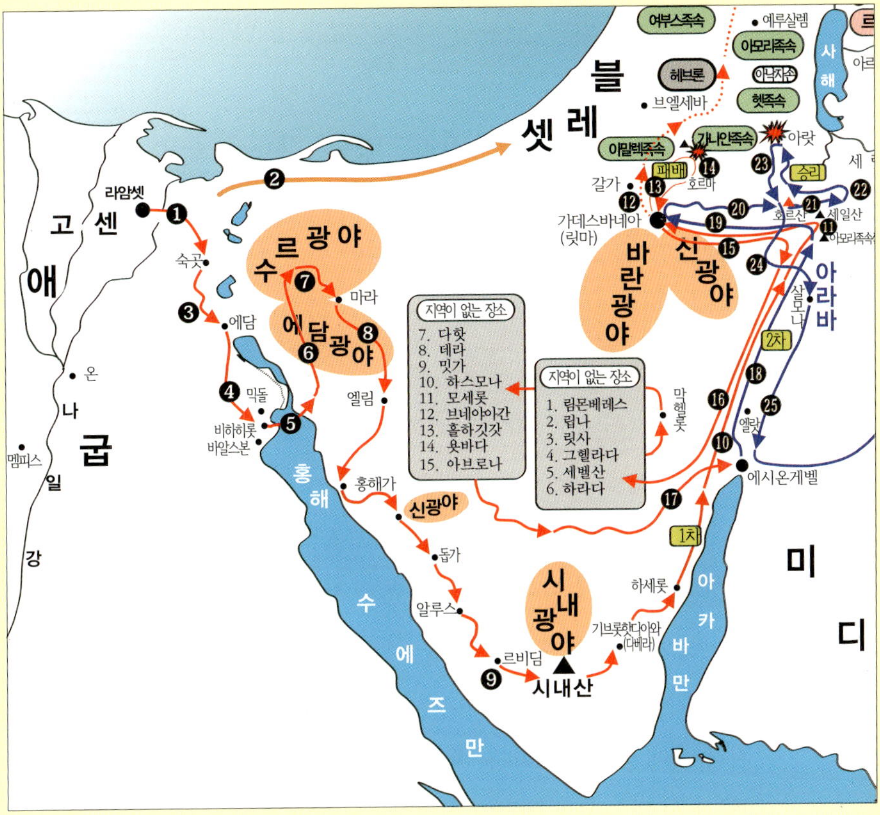

안 도로로 블레셋 국경을 통과하는 길이 있다. 그럼에도 하나님이 이스라엘 백성을 그 길로 통과시키지 않은 이유는, 전쟁을 치러보지 않은 이스라엘이 블레셋 국경을 통과할 때 블레셋 족속으로 인해 전쟁이 나면, 백성이 겁을 먹고 애굽으로 다시 돌아갈까 우려해서 하나님은 가나안의 지름길인 블레셋 국경 지역으로 그들을 인도하지 않았다는 것이다. 지리적 위치는 애굽 고센 땅 라암셋에서 지중해 해안을 따라 가나안으로 북상하기 전 가나안 남부의 지중해 연안에 블레셋 영토가 있다.

신 출애굽 루트의 주장자는 [a]수에즈 만 홍해 끝자락에서 가나안으로 가는 지중해 해안 도로를 포함해 현 시나이 반도(역삼각형 ▽꼴의 모양)가 애굽이라 주장한다. 하지만 하나님은 현 시나이 반도 지역을 애굽이라 하지 않으셨다. 하나님이 하신 말씀을 유심히 살펴보면, 하나님은 "이 백성이 전쟁을 보면 애굽으로 돌아갈까" 우려하신 것을 보아 현 시나이 반도가 애굽 땅이 아님을 분명히 밝히신다.

만약 출애굽한 이스라엘이 가나안의 지름길로 북상하려 하다가 블레셋과 전쟁이 일어나면 그곳이 어느 지역이겠는가? 물론 가나안의 지름길인 블레셋 국경 근처인 신 출애굽 루트 주장자의 주장대로 현 시나이 반도인 애굽일 것이다. 그렇다면 전쟁이 일어날 현 시나이 반도 지역이 애굽이 아니라는 것에 대하여는 하나님이 "애굽으로 돌아갈까" 하신 말씀에서 애굽이 아니라는 것이 입증된다. 설령 애굽의 영토라면 하나님이 "애굽으로 돌아갈까"라는 말씀을 하시지 않았을 것이다. 현 시나이 반도가 애굽 땅이 아니었기 때문에 이스라엘 백성이 전쟁을 보면 애굽으로 돌아갈까 염려해서 하신 말씀이었다. 이로 보아 현 시나이 반도는 애굽 땅이 아님을 명명백백하게 드러나고 있다.

6. 애굽 왕자로서 애굽 땅을 잘 아는 모세가 애굽 군인들이 많은 곳으로 이스라엘 백성들을 데리고 갔을 리는 없다

모세는 애굽의 왕자로서 40년을 살았다. 그래서 애굽에 대해서 잘 알고 있었다. 시나이 반도의 무사 산에는 지금도 구리와 터키석을 비롯한 광산이 있다. 예로부터 광산이 있는 곳에는 군인들이 지키고 있기 마련이다. 그렇다면 애굽 군인들의 추적을 따돌려야 하는 모세가 일부러 무사 산으로 이스라엘 백성들을 이끌고 갔을 리는 없다.

6.에 대한 반론

광산은 간혹 군사를 파견하는 경우도 있지만 대다수가 민간인 자체에서 운영·관리하고 상부에 보고한다. 하지만 무엇보다도 현 시나이 반도가 애굽이 아님을 위의 5.에 대한 반론에서 밝혔고 제2부에서도 계속 밝혀질 것이다. 실로 출애굽한 이스라엘 백성은 광야 끝 에담에 장막을 친 이후부터 하나님이 구름기둥과 불기둥으로 그들을 보호해 주셨고, 그들은 하나님의 구름기둥과 불기둥의 인도를 받으며 그 길을 갔을 뿐이다(출 13:20-22). 모세가 이스라엘을 인도한 것이 아니라 하나님이 인도하셨다는 사실을 명심해야 한다. 하나님의 인도를 받은 이스라엘 백성이 애굽 라암셋에서 출발하여 숙곳, 에담 그리고 비하히롯에서 홍해를 건너게 된다. 제2부에서 지리적 위치와 거리 등을 보다 더 상세히 언급하고자 한다. 이로 인해 이스라엘 백성이 ⓐ수에즈 만 홍해를 도하했는지, 또는 ⓑ아카바 만 홍해를 도하했는지를 독자들은 알 수 있을 것이다.

7. 시나이 반도는 르비딤과 호렙 산 사이가 48km나 떨어져 있어 성경과 다르다

르비딤에 당도한 후 마실 물이 없어서 이스라엘 백성들이 모세를 돌로 쳐 죽이려 했을 때 하나님은 모세에게 호렙 산 반석을 치라고 하셨다(출 17:6). 하나님께서 그렇게 말씀하실 정도라면 르비딤과 호렙 산은 아주 가까운 거리에 있어야 하는 것이다. 그런데 시나이 반도의 르비딤과 호렙 산 사이는 48km나 떨어져 있어서 성경과는 거리가 멀다.

7.에 대한 반론

신 출애굽 루트 주장자는 르비딤과 호렙 산은 아주 가까운 거리라고 하지만 성경은 르비딤과 호렙 산이 두 지역임을 분명히 밝히고 있다. 민수기 33장 14, 15절에서 이스라엘이 물이 없는 지역 르비딤에서 장막을 쳤고 그들이 이동하여 시내 광야(시내 산=호렙 산)에 장막을 쳤다고 각각 언급하고 있다.

"알루스에서 발행하여 르비딤에 진 쳤는데 거기는 백성의 마실 물이 없었더라 르비딤에서 발행하여 시내 광야에 진쳤고"(민 33:14, 15).

제2부에서 르비딤과 호렙 산(시내 산)이 왜 두 지역인지를 출애굽기 17장 5, 6절을 근거하여 상세히 언급할 것이다.

8. 시나이 반도의 무사 산 앞에는 250만 이스라엘 백성들이 다 앉을 만한 광야가 없다

하나님이 성산에 임하실 때 이스라엘 백성들이 그 모습을 보며 떨었다(출 19:16-20). 그렇다면 성산 앞에는 250만 이스라엘 백성들이 다 들어앉을 수 있는 광야가 있어야 한다. 그런데 시나이 반도의 성산 앞은 온통 협곡들로 가득해 눈을 씻고 찾아봐도 만 명조차 들어가 앉을 광야는 없다.

8.에 대한 반론

시내 산에 임재하신 하나님의 모습을 본 이스라엘 백성은 공포에 떨 수밖에 없었다. 그것은 시내 산에서 멀든 가깝든 아니 수십 킬로미터(km)가 떨어진 곳이라 하더라도 구름과 연기와(출 19:9) 천둥 같은 나팔소리와(출 19:16, 18, 19) 화염 중의 음성(신 4:11, 12)은 그들을 공포의 도가니로 몰아넣기에 충분했을 것이다. 자연의 현상인 뇌성과 번개를 동반한 천둥소리도 수십 킬로미터(km), 아니 100km 이상 떨어진 곳에서도 보고 들을 수 있다. 하나님은 이와 같은 방법으로 시내 산에서 자신의 임재를 알렸던 것이다.

그래서 시내 산 앞마당이 넓든 좁든, 백성들과의 거리가 멀든 가깝든 상관이 없다. 앞서 도착한 백성들이 순차적으로 장막을 치면 된다. 백성이 한 장소인 시내 산 앞에 250만 명(신 출애굽 루트 주장자의 추정 숫자)이 장막을 쳤다고 단정한다면 오해를 불러올 수도 있다. 출애굽기 저자인 모세가 '산 앞에 장막을 치니라'고 한 것은 이스라엘 백성이 하나님의 산에 집결하였음을 부각시키기 위한 것이다. 제2부 '이스라엘 백성의 결집'에서 '산 앞에 장막을 치니라'고 한 히브리 원어를 이해함으로써 '산 앞'에 대하여 올바른 인식을 갖고자 한다.

9. 기존 출애굽 경로에 의하면 홍해를 건널 필요가 없다

고센에서 무사 산까지는 육로로 올 수 있는 길이다. 홍해를 건널 필요가 전혀 없는 것이다. 그렇다면 성경의 홍해를 건넌 사건이 거짓이란 말인가?

9.에 대한 반론

애굽 라암셋에서 출발한 이스라엘 백성이 홍해를 건너지 않고 도보로 시내 산에 갈 수 있었다. 그것은 애굽의 관문인 에담 수비대를 통과해서 ⓐ수에즈 만 홍해가의 주변을 따라 남쪽에 위치하는 시내 산에 가면 된다. 하지만 하나님은 백성을 육로가 아니라 ⓐ수에즈 만 홍해 끝자락에 위치한 애굽의 관문인 에담 수비대를 진입하기 전 우회하여 ⓐ수에즈 만 홍해 방향으로 인도하셨다. 하나님이 시내 산을 육로로 인도하시지 않은 이유는 세 가지 때문이다.

첫째는, 전쟁을 치러보지 않은 이스라엘 백성이 블레셋과의 전쟁으로 인해 애굽으로 돌아갈 우려 때문이고(출 13:17, 18), 둘째는, 이스라엘 백성을 억압한 바로 왕을 보응의 본보기로 애굽 군대를 수장(水葬)하기 위함이다(출 14:23-31). 셋째는, 홍해의 단회적인 기적으로 전능하신 하나님의 능력을 나타냄으로써 이스라엘 백성만 아니라 오는 세대마다 하나님의 영광과 찬송을 받으시기 위함이었다(출 15:1-21). 이스라엘이 도하한 홍해는 ⓐ수에즈 만 홍해로 제2부에서 밝히겠다.

> "바로가 백성을 보낸 후에 블레셋 사람의 땅의 길은 가까울지라도 하나님이 그들을 그 길로 인도하지 아니하셨으니 이는 하나님이 말씀하시기를 이 백성이 전쟁을 보면 뉘우쳐 애굽으로 돌아갈까 하셨음이라 그러므로 하나님이 홍해의 광야 길로 돌려 백성을 인도하시매…"(출 13:17, 18).

"애굽 사람들과 바로의 말들, 병거들과 그 마병들이 다 그 뒤를 쫓아 바다 가운데로 들어오는지라… 물이 다시 흘러 병거들과 기병들을 덮되 그들의 뒤를 쫓아 바다에 들어간 바로의 군대를 다 덮고 하나도 남기지 아니하였더라 그러나 이스라엘 자손은 바다 가운데 육지로 행하였고 물이 좌우에 벽이 되었었더라 그날에 여호와께서 이같이 이스라엘을 애굽 사람의 손에서 구원하시매 이스라엘이 바닷가의 애굽 사람의 시체를 보았더라 이스라엘이 여호와께서 애굽 사람들에게 베푸신 큰 일을 보았으므로 백성이 여호와를 경외하며 여호와와 그 종 모세를 믿었더라"(출 14:23-31).

"이때에 모세와 이스라엘 자손이 이 노래로 여호와께 노래하니 일렀으되 내가 여호와를 찬송하리니 그는 높고 영화로우심이요 말과 그 탄 자를 바다에 던지셨음이로다 여호와는 나의 힘이요 노래시며 나의 구원이시로다 그는 나의 하나님이시니 내가 그를 찬송할 것이요 내 아비의 하나님이시니 내가 그를 높이리로다 여호와는 용사시니 여호와는 그의 이름이시로다…"(출 15:1-3).

Ⅱ. 진짜 시내 산이 미디안 광야에 있는 8가지 이유

1. 현재 사우디아라비아의 북서부 땅은 예로부터 미디안 땅이라고 불려 왔다.

1.에 대한 반론

미디안 땅의 경계는 분명하지가 않다. 성경은 아브라함의 후처 그두라의 넷째 아들 미디안과 함께 다섯 아들이 동방 곧 동국으로 갔다고만 기록하고 있다(창 25:1-6). 학자들은 대부분 미디안 땅을 ⓑ아카바 만 홍해가 있는 아라비아 서북쪽 지역으로 보고 있다. 성경학자 요세푸스는 미디안 땅을 ⓑ아카바 만 홍해 연안에 위치한다고 하였다. 미디안 땅은 모세가 애굽 바로의 낯을 피하여 40년간 머물렀던 지역이기도 하다(출 2:15). 하지만 미디안 족속은 모세 시대에 와서는 ⓑ아카바 만 홍해가 있는 아라비아 서북쪽만 아니라 요단 강 동편의 모압 지경 부근에도 거주하고 있었다. 요단 강 동편의 모압 근처에 거주한 미디안 족속에 대하여는 아래 5.에 대한 반론의 3)에서 자세히 언급하고자 한다.

2. 하나님은 구약 시대부터 이미 아라비아와 미디안에 관해서는 명명백백하게 구분해 말씀하신다.

구약성경이든 신약성경이든 오래 전부터 이미 아라비아나 미디안, 그리고 애굽을 분명하게 표기하고 있다(아라비아: 왕상 10:15; 미디안: 창 25:2; 출 2:15).

2.에 대한 반론

구약 시대의 아라비아와 미디안과 애굽을 그 시대와 연대별로 구별해서 보아야 한다. 창세기 25:2과 출애굽기 2:15은 미디안을, 열왕기상 10:15은 아라비아를 각각 언급하는 바, 성경은 애굽과 미디안과 아라비아 지역을 구분하고 있다. 위의 1.에 대한 반론을 참고하라.

"그가 시므란과 욕산과 므단과 미디안과 이스박과 수아를 낳았고"(창 25:2).

"바로가 이 일을 듣고 모세를 죽이고자 하여 찾은지라 모세가 바로의 낯을 피하여 미디안 땅에 머물며 하루는 우물 곁에 앉았더라"(출 2:15).

"그 외에 또 상고와 무역하는 객상과 아라비아 왕들과 나라의 방백들에게서도 가져온지라"(왕상 10:15).

위의 구절은 미디안과 아라비아를 연대별로 분류함이 옳다 하겠다. 모세 오경(창, 출, 레, 민, 신)으로 분류되는 창세기와 출애굽기는 정통 신학에서 하나님의 신에 감동된 모세의 기록으로 본다. 모세가 창세기와 출애굽기를 기록한 연대는 이스라엘 백성이 출애굽한 이후 주전 1446년경으로 같은 시기로 보지만, 성경에서 활동한 인물의 시대는 각각 다르다. 그것은 창세기 25장 2절에 '미디안'의 이름이 기록된 때는 주전 1943년경인 아브라함의 시대이며, 출애굽기 2장 15절에 '미디안' 지역이 기록된 때는 애굽에서 바로의 낯을 피하여 미디안에 도주한 모세 시대로 주전 1400년경쯤 된다. 아브라함과 모세와의 연대 간격은 무려 500년간 차이가 난다.

또한 열왕기상 10장 15절에 '아라비아'가 처음으로 등장한다. '아라비아'의 지명은 기록 연대가 주전 562-536년경으로 보는데, 창세기와 열왕기서의 어간은 900년 전후가 된다. 그러나 성경에 활동한 인물의 연대를 계산하면 아브라함 시대의 미디안(그두라의 넷째 아들)과 열왕기서의 아라비아에 대한 기록 연대 어간은 무려 1400년의 간격이 벌어져 있다. 이 같은 연대 속에는 성경에 나타난 국명(國名)이 수차례 바뀌기도 하고 나라가 패망하여 사라지는 것을 볼 수 있다. 사실 아라비아 지역은 훗날 아라비아 각지의 부족들이 왕의 통치로 군림하고 있었다(왕상 10:15). '아라비아'(עֲרָב, 아라브)란 '대초원이나 사막 고원과 그곳에 사는 사람들'을 의미한다.

아라비아 반도에 흩어진 족속들은 구스의 후손들(창 10:7), 셈의 가계에 속한 욕단의 후손들(창 10:25-29), 아브라함의 후처 그두라의 여섯 아들의 후손들(창 25:1-4), 이스마엘의 후손들 등이 흩어져 살았다(창 25:13-16). 그두라의 넷째 아들 미디안의 후손이 아라비아 반도에 속해 있었는데 그 지역을 미디안 땅이라 불렀다. 특히 미디안 땅을 구별하여 언급한 것은 애굽에서 도피한 모세가 40년간 미디안에서 양치기 생활을 했기 때문이다. 미디안 땅은 아라비아 서북부에 위치한 지역이다(출 2:15).

성경 역사 속에서 가나안과 이스라엘 주변 강대국들의 국호(國號)가 폐하는 것은 영토 분쟁에 의한 전쟁의 역사를 보여 준다. 강대국에 의해 신흥국과 약소국이 멸망하고, 또다시 강대국이 붕괴됨으로써 광대한 제국이 출현하는가 하면, 성경뿐 아니라 인류의 전쟁 역사가 말해주고 있다.

하나님은 아브라함과의 언약에서 그의 후손, 즉 이스라엘 백성은 모세 시대를 비롯해 여호수아를 통해 가나안을 정복한 이후부터 이스라엘의 수난사로 우여곡절을 수없이 겪었다. 가나안→이스라엘→이스라엘(유다)→이스라엘(B.C 722년, 앗수르에 멸망)→유다(B.C 586년, 신바벨론에 멸망)→마케도니아(B.C 350년, 알렉산드로스 대왕의 통치)→로마제국 지배(B.C 100년)→팔레스타인 지역 명을 유다에서 시리아 팔레스티나로 변경→아랍인(A.D 636년, 이슬람교 창립)이 로마를 격파한 이후 팔레스타인은 이슬람교도들이 지배를 계속→십자군이 예루살렘 왕국을 건설하여 통치(A.D 1200년)→이스라엘 건국(주후 1948년)으로 회복한다. 뿐만 아니라 위의 2. 질의에 대한 미디안 역시 아라비아→이슬람제국→터키의 지배→현재는 세 나라로 독립된 사우디아라비아, 쿠웨이트, 예멘이다. 현재는 미디안이 사라지고 사우디아라비아의 국호로 바뀌어졌다. 또한 애굽은 노모스(nomos)→애굽→이집트로 국호가 바뀌어진 것을 알 수 있다.

성경에 국명은 표기되어 있지만 절대적인 것이 아니라는 사실이다. 그것은 그 시대에 속한 국가(족속)였기 때문에 반드시 시대와 연대를 구별해 볼 필요가 있다. 성경에 수많은 크고 작은 나라가 오늘날은 국명조차 사라지고 없다. 사실 아라비아의 국명은 미디안보다 약 1400년 후에 등장한다. 당시 아라비아는 한 국가 체제가 아닌 광대한 지역에 분포되어 각기 왕들이 통치하고 있었다(왕상 10:15).

3. 애굽 왕자 모세가 애굽 사람을 죽이고 도망간 곳이 성경에 시나이가 아닌 미디안이라고 분명히 명시되어 있다.

3.에 대한 반론

애굽에서 현 시나이 반도를 거쳐 미디안에 도착한 모세는 미디안의 제사장 이드로의 딸 십보라와 가정을 꾸려 40년간 양치기 생활을 하였다. 현 시나이 반도는 여러 광야가 있어 모세가 살 수 없는 곳(사람들이 생존하기 어려운 곳)일 뿐 아니라 애굽과 가까운 지역이므로 아예 바로가 추적할 수 없는 먼 미디안 땅으로 도주하였다. 제2부에서 이에 대한 사실을 명확히 밝히고자 한다.

4. 하나님은 모세에게 모세가 살고 있는 미디안 땅으로 이스라엘 백성들을 데려오라고 말씀하셨다.

4.에 대한 반론

신 출애굽 주장자는 '하나님은 모세에게 모세가 살고 있는 미디안 땅으로 이스라엘 백성들을 데려오라고 말씀하셨다'고 하지만, 하나님은 "…네가 백성을 애굽에서 인도하여 낸 후에 너희가 이 산에서 하나님을 섬기리니"(출 3:12)라고 하셨다. 본 절에서 보면 '미디안 땅'이 아니라 '이 산'이라고 한다. 사실 '미디안 땅'과 '이 산'은 엄연히 차이가 있고 지역적으로도 전혀 다른 지역을 나타낸다. 더구나 성경의 인용구는 정확히 하여 독자들의 의문을 풀어 주어야 한다. 자칫 독자들을 호도할 수 있기 때문이다. '시나이 반도의 시내 산이 진짜 시내 산이 아닌 9가지 이유'에서 5.에 대한 반론을 참고하라. 그리고 제2부에서 자세히 언급할 것이다.

5. 홍해를 건너 그들이 수르 광야로 들어가 물을 찾아 사흘 길을 헤매다가 마라의 쓴물을 달게 마시는 장면을 생각해 보라.

성경학자들은 수르 광야를 시나이 반도 북부지역 블레셋 사람 땅의 길(해변 길) 조금 아래 지역에 위치한다고 주장한다. 항상 우리는 말씀을 근거로 해석해야 하는데, 몇몇 단체나 학자들의 잘못된 주장은 우리를 미혹하게 하거나 혼동케 한다. 아라비아 홍해 변에 수르라는 족장이 이 땅을 소유하고 있어서 그 지역을 수르 광야라 하며 그는 미디안 사람이었고, 미디안은 아라비아 반도에 위치하고 있다는 것을 알 수 있다.

"죽임을 당한 미디안 여인의 이름은 고스비니 수르의 딸이라 수르는 미디안 백성 한 종족의 두령이었더라"(민 25:15).

5.에 대한 반론

위의 내용에서 3가지를 지적하고자 한다. 독자가 이해하기 쉽도록 지면을 할애하려고 한다.

1) 신 출애굽 루트의 주장자는 "성경학자들은 수르 광야를 시나이 반도 북부지역 블레셋 사람 땅의 길(해변 길) 조금 아래 지역에 위치한다고 주장한다. 항상 우리는 말씀을 근거로 해석해야 하는데, 몇몇 단체나 학자들의 잘못된 주장은 우리를 미혹하게 하거나 혼동케 한다"라고 하였다.

하지만 기존 '수르 광야'의 지리적 위치는 성경학자들의 부단한 노력의 산물로 보아야 하고, 정통 기독교의 신학자와 목회자, 그리고 각 교단의 80-90% 이상이 이를 지지하는 것으로 안다. 결론적으로 성경 지도에 나타난 기존 '수르 광야'의 지리적 위치는 성경에서 말씀하기 때문에 정확하다 하겠다. 성경을 근거하여 아래 3)에서 '수르 광야'의 지리적 위치를 밝힐 것이다.

2) 5.에 대한 주장에 이어 '아라비아 홍해 변에 수르라는 족장이 이 땅을 소유하고 있어서 그 지역을 수르 광야라 하며 그는 미디안 사람이었고, 미디안은 아라비아 반도에 위치하고 있다는 것을 알 수 있다'고 하였다. 성경은 수르 광야가 족장 수르의 개인 소유라는 말이 없다.

성경에 개인 소유의 토지를 보면, 아브라함은 그의 아내 사라가 죽었을 때 사라의 매장지로 헷 족속에게 값을 지불하고 매입하였고(창 23:1-20), 다윗은 인구조사로 하나님이 온역으로 재앙을 내리실 때 그가 번제를 바치기 위해 여부스 사람 아라우나의 타작마당을 값을 주고 매입한 일이 있었다(삼하 24:1-25). 그리고 나봇의 포도원을 매입하지 못한 아합 왕의 상심을 본 이세벨이 두 비류를 보내 나봇을 죽이고 아합에게 포도원을 넘겨 준 일이 있다(왕하 21:1-19). 하지만 수르 광야가 미디안 족장의 개인 소유라고 한 것은 성경 어느 곳을 살펴보아도 없다. 신 출애굽 루트 주장자가 인용한 민수기 25장 15절에서 '수르'의 이름으로만 이 구절을 오용하고 있다.

독자가 알아야 할 것은, 성경에 동명이인(同名異人) 또는 동명이지(同名異地)가 가끔 기록되어 있다는 것이다. 이스라엘 백성이 출애굽을 할 때 장막을 친 숙곳과 에담도 성경에 지명이 몇 곳이 된다. 먼저 '숙곳' 지역은 세 곳으로 애굽 라암셋에서 출발하여 도착한 숙곳과(출 12:37), 야곱이 형 에서와 화해를 하고 자기 집과 우릿간을 지은 가나안 남부의 숙곳(창 33:17), 미디안 두 왕을 추격하는 기드온이 허기진 부하에게 음식을 부탁한 요단 강 동편의 숙곳 등이 있다(삿 8:5).

또한 이스라엘 백성이 출애굽을 할 때 '숙곳에서 발행하여 광야 끝 에담에 장막을 쳤다'는 에담 지역이 나온다(출 13:20). '에담' 지역은 네 곳인데 장막을 친 에담 지역을 비롯해 삼손이 여우 300마리를 두 마리씩 홰로 꼬리에 매고 불을 붙여 블레셋 사람의 곡식밭에 내몰아 모조리 태우고 머물렀던 블레셋 근교의 '에담'(삿 15:1-11)과 이스라엘 시므온 지파의 지경 내에 향촌인 '에담'(대상 4:32), 르호보암이 유다를 방비하기 위해 15성읍을 건축했던 한 성읍으로 유다에 속한 '에담'이 있다(대하 11:5-10). 이로 보건대 지명은 동일해도 또 다른 지역이 많다는 사실이다. 자칫 성경을 부분적으로 이해하고 해석하면 오류를 범할 수 있다. 고대 문헌에 수르 광야가 기록되었다고 해서 마치 성경에 수르 광야인 것처럼 해석해서는 안 된다는 것이다.

3) 다시 보면 5.에서 주장하는 바, '아라비아 홍해 변에 수르라는 족장이 이 땅을 소유하고 있어서 그 지역을 수르 광야라 하며 그는 미디안 사람이었고, 미디안은 아라비아 반도에 위치하고 있다는 것을 알 수 있다'고 하여 아래의 구절을 인용하고 있다.

> "죽임을 당한 미디안 여인의 이름은 고스비니 수르의 딸이라 수르는 미디안 백성 한 종족의 두령이었더라"(민 25:15).

하지만 성경에 미디안 족속이 거주한 지역은 두 곳으로 나타나 있다. 모세가 도피한 아라비아의 미디안과 가나안 땅 요단 강 동편 모압 평지 부근에 있는 미디안이다. 결론부터 말하면, 민수기 25장 15절에 "죽임을 당한 미디안 여인의 이름은 고스비니 수르의 딸이라 수르는 미디안 백성 한 종족의 두령이었더라"고 한 미디안은 요단 강 동편 모압 평지 부근이다. 이에 민수기 21장에서 25장까지의 내용(넓게는 20-32장)을 살펴봄으로써, 위에서 주장하는 민수기 25장 15절을 인용한 지역이 '아라비아 홍해 주변의 미디안 지역'인지 또는 '요단 강 동편 모압 부근의 미디안 지역'인지에 대하여 그 진위를 알 수 있을 것이다.

민수기 25장 15절은 고스비의 소속에 대한 구절이다. 일명 고스비 사건으로 이 사건의 배경을 이해해야 한다. 고스비 사건은 이스라엘 백성들을 영육 간 음행에 빠지게 한 사건이다. 이는 이스라엘 백성이 약속의 땅 가나안을 눈앞에 두고 여리고 맞은편 모압 평지에 모세와 더불어 갈렙과 여호수아, 그리고 이스라엘의 2세대가 집결한 상태에서 일어난 사건이다. 먼저 민수기 20장에서 32장까지 장별로 요약해 보면,

- 가데스 사건과 에돔의 진로 방해(민 20장)
- 이스라엘이 모압으로 전진(민 21장)
- 모압 왕 발락이 거짓 선지자 발람을 초청(민 22장)
- 이스라엘에 대한 발람의 세 차례 축복기도(민 23, 24장)
- 모압의 우상제물과 미인계로 타락한 이스라엘(민 25:1-15)
- 미디안 정복에 대한 하나님의 명령(민 25:16-18)
- 이스라엘의 제2차 인구조사(민 26장)
- 새 지도자 여호수아의 준비(민 27장)
- 제사와 절기 및 관련 규례(민 28-30장)
- 미디안 족속의 진멸 및 전리품 분배(민 31장)
- 요단 동편(르우벤, 갓, 므낫세 반 지파)의 땅 분배(민 32장)

민수기 20장에서부터 32장까지 장별로 요약한 것은, 이스라엘이 가데스에서의 물 사건 이후로 모압 평지에 장막을 친 전후 과정에서 일어난 사건과 그 경로를 살펴보기 위해서이다. 이제 민수기 21-25장까지 내용을 장별 분해 식으로 상세히 살펴보자.

i. 이스라엘 백성이 에돔 족속을 우회하여 사해 바다 동편에서 북쪽 방향으로 진행하는 모압까지의 루트이다.

"이스라엘 자손이 진행하여 오봇에 진쳤고 오봇에서 진행하여 모압 앞 해 돋는 편 광야 이예아바림에 진쳤고 거기서 진행하여 세렛 골짜기에 진쳤고 거기서 진행하여 아모리 인의 지경에서 흘러 나와서 광야에 이른 아르논 건너편에 진 쳤으니 아르논은 모압과 아모리 사이에서 모압의 경계가 된 것이라"(민 21:10-13).

ii. 에돔 족속을 우회한 이스라엘 백성은 모압 들이 있는 골짜기에 도착하였다.

"이러므로 여호와의 전쟁기에 일렀으되 수바의 와헙과 아르논 골짜기와 모든 골짜기의 비탈은 아르 고을을 향하여 기울어지고 모압의 경계에 닿았도다 하였더라 거기서 브엘에 이르니 브엘은 여호와께서 모세에게 명하시기를 백성을 모으라 내가 그들에게 물을 주리라 하시던 우물이라 그때에 이스라엘이 노래하여 가로되 우물물아 솟아나라 너희는 그것을 노래하라 이 우물은 족장들이 팠고 백성의 귀인들이 홀과 지팡이로 판 것이로다 하였더라 광야에서 맛다나에 이르렀고 맛다나에서 나할리엘에 이르렀고 나할리엘에서 바못에 이르렀고 바못에서 모압 들에 있는 골짜기에 이르러 광야가 내려다보이는 비스가 산꼭대기에 이르렀더라"(민 21:14-20).

iii. 모압 들이 있는 골짜기에 도착한 이스라엘 백성이 요단 강 동편 지역에 아모리 왕 시혼과의 전투에서 승리하였다.

"이스라엘이 아모리 왕 시혼에게 사자를 보내어 가로되 우리로 당신의 땅을 통과하게 하소서 우리가 밭에든지 포도원에든지 들어가지 아니하며 우물물도 공히 마시지 아니하고 우리가 당신의 지경에서 다 나가기까지 왕의 대로로만 통행하리이다 하나 시혼이 자기 지경으로 이스라엘의 통과함을 용납하지 아니하고 그 백성을 다 모아 이스라엘을 치러 광야로 나와서 야하스에 이르러 이스라엘을 치므로 이스라엘이 칼날로 그들을 쳐서 파하고 그 땅을 아르논부터 얍복까지 점령하여 암몬 자손에게까지 미치니 암몬 자손의 경계는 견고하더라 이스라엘이 이같이 그 모든 성읍을 취하고 그 아모리 인의 모든 성읍 헤스본과 그 모든 촌락에 거하였으니 헤스본은 아모리 인의 왕 시혼의 도성이라 시혼이 모압 전왕을 치고 그 모든 땅을 아르논까지 그 손에서 탈취하였었더라 그러므로 시인이 읊어 가로되 너희는 헤스본으로 올지어다 시혼의 성을 세워 견고히 할지어다 헤스본에서 불이 나오며 시혼의 성에서 화염이 나와서 모압의 아르를 삼키며 아르논 높은 곳의 주인을 멸하였도다 모압아 네가 화를 당하였도다 그모스의 백성아 네가 멸망하였도다 그가 그 아들들로 도망케 하였고 그 딸들로 아모리 인의 왕 시혼의 포로가 되게 하였도다 우리가 그들을 쏘아서 헤스본을 디본까지 멸하였고 메드바에 가까운 노바까지 황폐케 하였도다 하였더라 이스라엘이 아모리 인의 땅에 거하였더니 모세가 또 보내어 야셀을 정탐케 하고 그 촌락들을 취하고 그곳에 있던 아모리 인을 몰아내었더라"(민 21:21-32).

iv. 아모리 왕 시혼과의 전투에서 승리한 이스라엘이 요단 강 동편 지역의 바산 왕 옥과의 전투에서도 승리하였다.

"돌이켜 바산 길로 올라가매 바산 왕 옥이 그 백성을 다 거느리고 나와서 그들을 맞아 에드레이에서 싸우려 하는지라 여호와께서 모세에게 이르시되 그를 두려워 말라 내가 그와 그 백성과 그 땅을 네 손에 붙였나니 너는 헤스본에 거하던 아모리 인의 왕 시혼에게 행한 것같이 그에게도 행할지니라 이에 그와 그 아들들과 그 백성을 다 쳐서 한 사람도 남기지 아니하고 그 땅을 점령하였더라"(민 21:33-35).

v. 요단 강 동편 지역 아모리 왕 시혼과 바산 왕 옥의 족속들을

점령한 이스라엘은 요단 강 건너편 곧 여리고 맞은편 모압 평지에 진을 쳤다.

"이스라엘 자손이 또 진행하여 모압 평지에 진 쳤으니 요단 건너편 곧 여리고 맞은편이더라"(민 22:1).

요단 강 동편을 점령한 땅은 이스라엘 백성이 요단을 건너기 전에 모세가 르우벤 지파와 갓 지파와 므낫세 반 지파의 소유로 주었다(민 32:1-42).

"모세가 갓 자손과 르우벤 자손과 요셉의 아들 므낫세 반 지파에게 아모리 인의 왕 시혼의 국토와 바산 왕 옥의 국토를 주되 곧 그 나라와 그 경내 성읍들과 그 성읍들의 사면 땅을 그들에게 주매"(민 32:33).

vi. 전쟁의 승리로 기쁨을 만끽한 이스라엘이 몸과 마음을 추스르는 그 무렵, 모압 왕 발락은 이스라엘을 두려워한 나머지 메소포타미아의 술사 발람(수 13:22)에게 뇌물을 주어 초청하기에 이른다. 이때 모압 장로들과 미디안 장로들의 손에 복술의 예물로 발람을 초청한다. 여기에 '미디안 장로들'이 포함되었음을 인식해야 한다.

"십볼의 아들 발락이 이스라엘이 아모리 인에게 행한 모든 일을 보았으므로 모압이 심히 두려워하였으니 이스라엘 백성의 많음을 인함이라 모압이 이스라엘 자손의 연고로 번민하여 미디안 장로들에게 이르되 이제 이 무리가 소가 밭의 풀을 뜯어 먹음같이 우리 사면에 있는 것을 다 뜯어먹으리로다 하니 때에 십볼의 아들 발락이 모압 왕이었더라 그가 사자를 브올의 아들 발람의 본향 강변 브돌에 보내어 발람을 부르게 하여 가로되 보라 한 민족이 애굽에서 나왔는데 그들이 지면에 덮여서 우리 맞은편에 거하였고 우리보다 강하니 청컨대 와서 나를 위하여 이 백성을 저주하라 내가 혹 쳐서 이기어 이 땅에서 몰아내리라 그대가 복을 비는 자는 복을 받고 저주하는 자는 저주를 받을 줄을 내가 앎이니라 모압 장로들과 미디안 장로들이 손에 복술의 예물을 가지고 떠나 발람에게 이르러 발락의 말로 그에게 고하매 발람이 그들에게 이르되 이 밤에 여기서 유숙하라 여호와께서 내게 이르시는 대로 너희에게 대답하리라 모압 귀족들이 발람에게서 유하니라"(민 22:2-8).

vii. 발람이 모압 가까이 왔다는 소식을 들은 모압 왕 발락은 직접 모압 변경까지 마중을 나가 발람을 영접하였다.

"발락이 발람의 온다 함을 듣고 모압 변경의 끝 아르논 가에 있는 성읍까지 가서 그를 영접하고 발락이 발람에게 이르되 내가 특별히 보내어 그대를 부르지 아니하였느냐 그대가 어찌 내게 오지 아니하였느냐 내가 어찌 그대를 높여 존귀케 하지 못하겠느냐 발람이 발락에게 이르되 내가 오기는 하였으나 무엇을

임의로 말할 수 있으리이까 하나님이 내 입에 주시는 말씀 그것을 말할 뿐이니이다 발람이 발락과 동행하여 기럇후솟에 이르러서는 발락이 우양을 잡아 발람과 그와 함께한 귀족을 대접하였더라 아침에 발락이 발람과 함께하고 그를 인도하여 바알의 산당에 오르매 발람이 거기서 이스라엘 백성의 진 끝까지 보니라"(민 22:36-41).

viii. 발람은 발락 왕으로부터 이스라엘 백성에 대한 저주의 제안을 받았지만, 하나님의 강권적인 역사로 인해 도리어 이스라엘 백성을 세 번이나 축복기도(민 24:10)를 하기에 이른다(민 23장, 24장).

"발람이 발락에게 이르되 나를 위하여 여기 일곱 단을 쌓고 거기 수송아지 일곱과 숫양 일곱을 준비하소서 하매 발락이 발람의 말대로 준비한 후에 발락과 발람이 매 단에 수송아지 하나와 숫양 하나를 드리니라 발람이 발락에게 이르되 당신의 번제물 곁에 서소서 나는 저리로 갈지라 여호와께서 혹시 오셔서 나를 만나시리니 그가 내게 지시하시는 것은 다 당신에게 고하리이다 하고 사태난 산에 이른즉 하나님이 발람에게 임하시는지라 발람이 고하되 내가 일곱 단을 베풀고 매 단에 수송아지 하나와 숫양 하나를 드렸나이다 여호와께서 발람의 입에 말씀을 주어 가라사대 발락에게 돌아가서 이렇게 말할지니라 그가 발락에게로 돌아간즉 발락과 모압 모든 귀족이 번제물 곁에 함께 섰더라 발람이 노래를 지어 가로되 발락이 나를 아람에서,

모압 왕이 동편 산에서 데려다가 이르기를 와서 나를 위하여 야곱을 저주하라, 와서 이스라엘을 꾸짖으라 하도다 하나님이 저주치 않으신 자를 내 어찌 저주하며 여호와께서 꾸짖지 않으신 자를 내 어찌 꾸짖을꼬 내가 바위 위에서 그들을 보며 작은 산에서 그들을 바라보니 이 백성은 홀로 처할 것이라 그를 열방 중의 하나로 여기지 않으리로다 야곱의 티끌을 뉘 능히 계산하며 이스라엘 사분지 일을 뉘 능히 계수할꼬 나는 의인의 죽음같이 죽기를 원하며 나의 종말이 그와 같기를 바라도다 하매 발락이 발람에게 이르되 그대가 어찌 내게 이같이 행하느냐 나의 원수를 저주하라고 그대를 데려왔거늘 그대가 온전히 축복하였도다…"(민 23:1-25).

ix. 이스라엘 백성을 축복한 발람이 모압을 떠날 때 그가 뇌물을 받은 대가로 발락 왕에게 이스라엘이 영육 간에 음행하도록 올무를 놓게 하였다.

"발람이 일어나 자기 곳으로 돌아갔고 발락도 자기 길로 갔더라"(민 24:25).

"그러나 네게 두어 가지 책망할 것이 있나니 거기 네게 발람의 교훈을 지키는 자들이 있도다 발람이 발락을 가르쳐 이스라엘 앞에 올무를 놓아 우상의 제물을 먹게 하였고 또 행음하게 하였느니라"(계 2:14).

발락 왕은 발람의 계략대로 하나님이 이스라엘 백성을 진노할 만한 두 가지 일, 곧 우상숭배의 제물과 미인계 작전을 꾸몄던 것이다. 이스라엘은 드디어 우상의 제물과 미인계 작전에 말려들고 말았다(민 25장). 이 사건의 장소가 모압 평지 요단 건너편 곧 여리고 맞은편 '싯딤'이라 밝히고 있다.

"이스라엘 자손이 또 진행하여 모압 평지에 진 쳤으니 요단 건너편 곧 여리고 맞은편이더라"(민 22:1).

"아바림 산에서 발행하여 여리고 맞은편 요단 가 모압 평지에 진 쳤으니"(민 33:48).

"눈의 아들 여호수아가 싯딤에서 두 사람을 정탐으로 가만히 보내며 그들에게 이르되 가서 그 땅과 여리고를 엿보라 하매 그들이 가서 라합이라 하는 기생의 집에 들어가 거기서 유숙하더니"(수 2:1).

"여호수아가 아침에 일찍이 일어나서 이스라엘 사람들로 더불어 싯딤에서 떠나 요단에 이르러서는 건너지 아니하고 거기서 유숙하니라"(수 3:1).

x. 민수기 25장 1절을 보면 이스라엘 백성이 모압 평지 요단 건너편 곧 여리고 맞은편 '싯딤'에 머물 때 모압 여자들과 음행하기를 시작했다. 그리고 25장 2, 3절에서 이스라엘은 미인계에 유혹당해 우상의 제물을 먹고 절함으로써 하나님의 진노를 사게 하였다.

"이스라엘이 싯딤에 머물러 있더니 그 백성이 모압 여자들과 음행하기를 시작하니라 그 여자들이 그 신들에게 제사할 때에 백성을 청하매 백성이 먹고 그들의 신들에게 절하므로 이스라엘이 바알브올에게 부속된지라 여호와께서 이스라엘에게 진노하시니라"(민 25:1-3).

xi. 하나님의 진노로 바알브올에 부속(部屬)된 이스라엘의 두령과 백성들은 칼에 죽임을 당했으며 염병으로 죽은 자가 24,000명이라고 하였다.

"여호와께서 모세에게 이르시되 백성의 두령들을 잡아 태양을 향하여 여호와 앞에 목매어 달라 그리하면 여호와의 진노가 이스라엘에게서 떠나리라 모세가 이스라엘 사사들에게 이르되 너희는 각기 관할하는 자 중에 바알브올에게 부속한 사람들을 죽이라 하니라 이스라엘 자손의 온 회중이 회막 문에서 울 때에 이스라엘 자손 한 사람이 모세와 온 회중의 목전에 미디안의 한 여인을 데리고 그 형제에게로 온지라 제사장 아론의 손자 엘르아살의 아들 비느하스가 보고 회중의 가운데서 일어나 손에 창을 들고 그 이스라엘 남자를 따라 그의 막에 들어가서 이스라엘 남자와 그 여인의 배를 꿰뚫어서 두 사람을 죽이니 염병이 이스라엘 자손에게서 그쳤더라 그 염병으로 죽은 자가 이만 사천 명이었더라"(민 25:4-9).

xii. 이스라엘이 우상의 제물과 음행으로 하나님의 진노가 임하는 그 시에 이스라엘 자손 한 사람이 모세와 회중이 보는 앞에서 미디안의 한 여인을 데리고 막사에 들어가는 것을 본 제사장 아론의 손자 엘르아살의 아들 비느하스가 손에 창을 들고 남자의 막사에 따라 들어가 남자와 여자의 배를 꿰뚫어 죽였던(민 25:6-8) 두 남녀에 대하여 아래 구절에 언급하고 있다(민 25:14, 15). 이로써 바알브올의 음행사건에 깊숙이 관여한 미디안 여성의 이름을 따라 일명 고스비 사건으로 명명했던 것이다.

> "죽임을 당한 이스라엘 남자 곧 미디안 여인과 함께 죽임을 당한 자의 이름은 시므리니 살루의 아들이요 시므온 인의 종족 중 한 족장이며 죽임을 당한 미디안 여인의 이름은 고스비니 수르의 딸이라 수르는 미디안 백성 한 종족의 두령이었더라 여호와께서 모세에게 일러 가라사대 미디안 인들을 박해하며 그들을 치라 이는 그들이 궤계로 너희를 박해하되 브올의 일과 미디안 족장의 딸 곧 브올의 일로 염병이 일어난 날에 죽임을 당한 그들의 자매 고스비의 사건으로 너희를 유혹하였음이니라"(민 25:14-18).

이제 정리를 해보자. 지금까지 민수기 21-25장까지 지면을 할애하여 자세히 살펴보았다. 민수기 25장 14절과 15절을 주의 깊게 살펴보아야 한다. 두 구절에서 비느하스의 창에 배를 뚫려 죽은 두 남녀는 이스라엘의 남자 시므리의 소속과 미디안의 여자 고스비의 소속을 말하고 있다. 14절은 미인계에 유혹되어 미디안 여자 고스비와 함께 죽임을 당한 시므리는 살루의 아들로 시므온 지파의 종족 중 한 족장이라고 밝히고 있다. 그리고 15절은 이스라엘의 족장을 유혹할 만큼 미모가 출중한 여자는 수르의 딸 고스비이다. 그녀의 소속은 미디안 출신으로 아비가 미디안의 한 종족의 두령이라 말한다. 이로 보아 민수기 저자는 명문 가문인 두 남녀의 소속을 의도적으로 드러낸 것이라고 볼 수 있다.

중요한 사실은 민수기 25장 15절에 미디안 한 종족의 두령인 '수르'는, 민수기 31장 8절에서 미디안의 다섯 왕 중의 한 사람인 '수르'로 소개하고 있다.

> "그 죽인 자 외에 미디안의 다섯 왕을 죽였으니 미디안의 왕들은 에위와 레겜과 수르와 후르와 레바이며 또 브올의 아들 발람을 칼로 죽였더라"(민 31:8).

미디안의 다섯 왕은 모압 왕 발락처럼 이스라엘을 두려운 존재로 여겼다. 그래서 발락 왕과 연합하였고, 그중 미모가 출중한 미디안의 왕 '수르'의 딸 '고스비'가 다른 여인들을 인솔하여 음행을 주도했던 것이다. 이에 이스라엘은 고스비 사건 이후로 모압과 연합한 미디안의 다섯 왕과 그 족속들의 남자는 모조리 죽였다. 그러나 이스라엘이 모압과 전쟁을 하지 않은 이유는, 하나님이 모세에게 "모압을 괴롭게 말라 그와 싸우지도 말라 그 땅을 내가 네게 기업으로 주지 아니하리니 이는 내가 롯 자손에게 아르를 기업으로 주었다"(신 2:9)고 명하셨기 때문이다.

이스라엘과 전쟁을 치른 미디안 족속은 아라비아 북서쪽에 위치한 미디안 족속이 아니라 모압 부근에 살고 있는 미디안 족속이다. 모세 시대에 미디안 족속은 두 지역으로 가나안 남동쪽 아라비아의 ⓑ아카바 만 홍해 연안 지역과 또 가나안 땅 요단 강 동편 모압 부근 지역에 거주했었다. 가나안 남동쪽 아라비아의 ⓑ아카바 만 홍해 연안 지역은 모세가 애굽에서 도피했던 미디안이었고, 가나안 요단 강 동편 모압 부근 지역은 모세가 생을 마감하기 이전에 거주했던 미디안 족속이다. 이스라엘은 두 지역 중에서 모압 부근 지역에 있는 미디안과 전쟁을 치렀던 것이다.

"그들이 여호와께서 모세에게 명하신 대로 미디안을 쳐서 그 남자를 다 죽였고 그 죽인 자 외에 미디안의 다섯 왕을 죽였으니 미디안의 왕들은 에위와 레겜과 수르와 후르와 레바이며 또 브올의 아들 발람을 칼로 죽였더라"(민 31:7, 8).

미디안과 전쟁에서 승리한 이스라엘은 포로와 전리품을 챙겨 여리고 맞은편 요단 가 모압 평지에 이르렀다고 말한다.

"그들이 사로잡은 자와 노략한 것과 탈취한 것을 가지고 여리고 맞은편 요단 가 모압 평지의 진에 이르러 모세와 제사장 엘르아살과 이스라엘 자손의 회중에게로 나아오니라"(민 31:12).

신 출애굽 루트 주장자는 “아라비아 홍해 변에 수르라는 족장이 이 땅을 소유하고 있어서 그 지역을 수르 광야라 하며 그는 미디안 사람이었고, 미디안은 아라비아 반도에 위치하고 있다는 것을 알 수 있다”고 한 것과 관련하여, 인용한 성경 구절은 “죽임을 당한 미디안 여인의 이름은 고스비니 수르의 딸이라 수르는 미디안 백성 한 종족의 두령이었더라”(민 25:15)고 하였다. 그러나 이 구절은 여기에 관련되거나 해당하는 구절이 아니다. 이는 가나안 땅 요단 강 동편 모압 부근 지역에 거주한 미디안 족속에 해당되는 구절이다. 그것은 모압 왕과 미디안 족속이 연합하여 우상 제물과 미인계로 이스라엘에 올무를 놓은 대가로 진멸당한 미디안에 대한 미인계 사건의 주동자였던 고스비가 미디안의 두령(왕) 수르의 딸임을 밝히기 위해서이다.

혹 미디안 족속이 왜 가나안 동편 모압 평지 부근에 거주했느냐고 반문할지 몰라도, 성경에 의인들도 기근이나 전쟁 포로 또는 형편과 사정에 따라 타국에 거주한 일들이 수없이 많다. 실례를 들면, 나오미는 남편과 함께 두 아들을 데리고 모압에 살았고, 다윗도 블레셋 땅에서 살았으며 아브라함, 에스라, 느헤미야, 다니엘 등 이밖에도 이루 말할 수 없을 정도이다. 이스라엘 백성도, 요셉으로 인해 애굽 고센 땅에 이주한 부친 야곱을 비롯해 70명의 가족이 430년 만에 대민족을 이룬 것이 당시의 현실이었다(출 12:40). 블레셋도 그레데 섬 지방에 살았던 족속으로서 아브라함 이전에 내륙으로 들어와 국가를 형성했었다.

사실 여리고 맞은편 요단 강 동쪽 모압 평지에 장막을 친 이스라엘이 가나안 남동쪽에 위치한 직선거리 약 350km(도보 450km)가 되는 아라비아 홍해 연안 수르 광야까지 미디안과 전쟁을 치르기 위해 갈 리가 만무하다. 위치상 모압 평지에서 가나안 정복을 준비한 이스라엘과 신 출애굽 루트 주장자가 말하는 아라비아의 ⓑ아카바 만 홍해 연안의 미디안과는 거리적으로 전혀 상관없는 지역이다.

또한 이스라엘이 요단 강 동편 모압 평지에서 직선거리 약 350km(도보 450km)가 되는 아라비아의 홍해 연안 수르 광야에 있는 미디안과 전쟁을 치른다거나, 전쟁의 승리로 왕복 도보거리 약 900km(예, 서울에서 부산까지가 약 430km이다)가 되는 거리를 포로뿐 아니라 전리품을 가지고 돌아온다는 것은 어불성설이다. 무엇보다 이스라엘은 미디안의 '수르' 왕과 함께 다섯 왕(두령)을 죽이고 한 사람의 남자도 남기지 않고 죽였다고 한다.

> "그들이 여호와께서 모세에게 명하신 대로 미디안을 쳐서 그 남자를 다 죽였고 그 죽인 자 외에 미디안의 다섯 왕을 죽였으니 미디안의 왕들은 에위와 레겜과 수르와 후르와 레바이며 또 브올의 아들 발람을 칼로 죽였더라"(민 31:7, 8).

이때는 모세가 생존해 있을 당시였다. 그럼에도 신 출애굽 루트 주장자의 주장대로 가나안 남동쪽에 위치한 아라비아에 미디안 국가가 존재해 있다는 자체가 모순이라 하겠다. 이로 보건대 아라비아에 속

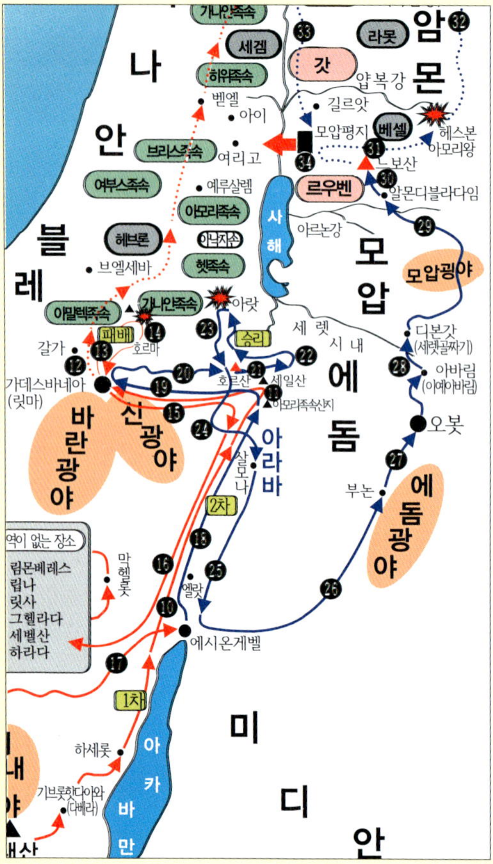

한 미디안이 아님을 알 수 있다. 성경에 이스라엘이 수르 왕을 비롯해 미디안 다섯 왕을 진멸한 위치는 모압 국가 주변에 사는 미디안 족속이다. 그것은 앞서 언급한 것처럼, 모압 왕 발락이 미인계를 썼을 때 미디안 왕 수르의 딸 고스비와 여인들이 모압 평지에 주둔한 이스라엘 백성에게 음행케 했기 때문이다.

한 가지 더 확실한 것은, 모압 왕 발락이 발람을 초청할 때 모압 장로들이 미디안 장로들과 더불어 복술의 예물을 가지고 메소포타미아에 갔다고 한다. 이는 미디안 족속이 모압 국가의 주변에 있었다는 것을 입증해 준다 하겠다.

> "모압 장로들과 미디안 장로들이 손에 복술의 예물을 가지고 떠나 발람에게 이르러 발락의 말로 그에게 고하매"(민 22:7).

이로 보아 '아라비아 홍해 변의 수르의 족장'이 아니라 여리고 맞은편 요단 동남쪽에 위치한 모압 국가 인근의 미디안 왕(두령) 수르가 명확해졌다는 사실이다. '수르'는 단지 미디안 왕의 이름에 불과할 뿐이다. 성경은 고스비 사건과 미디안의 왕 '수르'가 죽은 장소, 즉 미디안이 멸망당한 장소가 아라비아의 ⓑ아카바 만 홍해 연안의 수르 광야[2]가 아니라 여리고 맞은편 요단 가 모압 부근이라고 명백히 밝히고 있다. 이는 이스라엘의 2세대가 요단 강 동편에서 가나안 점령을 위해 준비하는 과정에서 일어난 사건이다. 그래서 민수기 25장 18절에 '고스비 사건'이라고 말한다. 뿐만 아니라 미디안과의 전쟁에서 전리품을 챙긴 이스라엘이 모세와 백성들의 장막이 있는 모압 평지로 귀환했던 것이다(민 31:12).

신 출애굽 루트 주장자는 "아라비아 홍해 변에 수르라는 족장이 이 땅을 소유하고 있어서 그 지역을 수르 광야라 하며 그는 미디안 사람이었고, 미디안은 아라비아 반도에 위치하고 있다는 것을 알 수 있다"고 하지만, 성경은 아라비아에 '수르 광야'가 수르 족장의 사유지라든지 또는 수르라는 인물이 아라비아의 미디안 족속이라는 근거도 없다. 다만 모압 부근에 있는 미디안의 두령(왕)이라고 할 뿐이다. 민수기 25장 15절에 언급하는 바, '수르'라는 인물과 그의 딸 '고스비', 그리고 '미디안 백성' 등은 가나안 동편 모압 국가 주변에 거주하는 미디안 족속임을 밝히고 있다. 위의 관련된 내용을 제2부에서 위치적으로 언급할 것이다.

2) 성경에 아라비아의 아카바 만 홍해 연안의 미디안에는 수르 광야가 없다.

6. 모세의 장인 이드로는 분명히 아라비아 사람이요 미디안 땅에 산다고 했지, 시나이에 산다고 한 적이 없다.

6.에 대한 반론

모세는 미디안 도피 중에 십보라를 만나 가정을 꾸렸고 그의 장인 이드로를 통해 행정적 조언을 얻기도 하였다. 출애굽기 18장 1절에 "모세의 장인 미디안 제사장 이드로"라고 언급한 그의 민족과 직책을 보아 이드로는 아라비아에 속한 미디안 땅에 거주하였음을 알 수 있다. 이드로가 제사장 반열에 속한 것을 보면, 그는 철저히 미디안 족속에 뿌리를 두고 있음을 시사한다. 이로써 이드로는 미디안 족속의 한 사람임을 밝히고 있다.

"모세의 장인 미디안 제사장 이드로가 하나님이 모세에게와 자기 백성 이스라엘에게 하신 일 곧 여호와께서 이스라엘을 애굽에서 인도하여 내신 모든 일을 들으니라"(출 18:1).

7. 출애굽한 이스라엘 백성이 아말렉 족과 전투를 벌였다고 했는데, 아말렉 족은 미디안 광야 인근에 살던 아라비아인이다.

7.에 대한 반론

라암셋에서 출발한 이스라엘은 숙곳과 에담과 비하히롯을 거쳐 홍해를 통과한 후 마라, 엘림, 홍해 가, 신 광야, 돕가, 알루스, 그리고 르비딤에 도착했을 때 아말렉 족속과 전투하여 승리를 거두었다. 르비딤은 이스라엘이 힘겹게 전쟁한 지역으로 이곳은 시내 산 전(前) 지역이다.

"이스라엘 자손이 라암셋에서 발행하여 숙곳에 진쳤고 숙곳에서 발행하여 광야 끝 에담에 진쳤고 에담에서 발행하여 바알스본 앞 비하히롯으로 돌아가서 믹돌 앞에 진쳤고 하히롯 앞에서 발행하여 바다 가운데로 지나 광야에 이르고 에담 광야로 삼일 길쯤 들어가서 마라에 진쳤고 마라에서 발행하여 엘림에 이르니 엘림에는 샘물 열둘과 종려 칠십 주가 있으므로 거기 진쳤고 엘림에서 발행하여 홍해 가에 진쳤고 홍해 가에서 발행하여 신 광야에 진쳤고 신 광야에서 발행하여 돕가에 진쳤고 돕가에서 발행하여 알루스에 진쳤고 알루스에서 발행하여 르비딤에 진 쳤는데 거기는 백성의 마실 물이 없었더라 르비딤에서 발행하여 시내 광야에 진쳤고"(민 33:5-15).

"때에 아말렉이 이르러 이스라엘과 르비딤에서 싸우니라"(출 17:8).

아말렉의 조상을 거슬러 올라가 보면, '아말렉'은 에서의 장자 엘리바스의 첩 딤나의 아들로 엘리바스의 일곱 아들의 족장 중 한 사람으로 에돔 땅에 뿌리를 두고 유목 생활을 한 족속들이다.

> "에서의 아들 엘리바스의 첩 딤나는 아말렉을 엘리바스에게 낳았으니 이들은 에서의 아내 아다의 자손이며… 에서 자손 중 족장은 이러하니라 에서의 장자 엘리바스의 자손에는 데만 족장, 오말 족장, 스보 족장, 그나스 족장과 고라 족장, 가담 족장, 아말렉 족장이니 이들은 에돔 땅에 있는 엘리바스로 말미암아 나온 족장들이요 이들은 아다의 자손이며"(창 36:12-16).

에돔에 대하여 간략히 살펴보고자 한다. 에돔은 가나안 남동쪽 사해 바다 아래 부분에 거주한 족속들이다. 모세와 이스라엘이 여리고 맞은편 요단 강 동쪽 모압 평지로 진입할 때 에돔 지역을 통과하려 했으나 에돔 왕의 거부로(하나님은 이스라엘의 동족 에돔과 싸우지 못하게 하셨다), 이스라엘이 우회하여 남쪽 [b]아카바 만 홍해 방향으로 행하다가 살모나를 경유한 후 아라바를 지나 에시온 게벨에서 다시 동쪽으로 북상하여 에돔의 뒤를 돌아 모압 광야의 평지로 진입하였던 것이다.

"너는 또 백성에게 명하여 이르기를 너희는 세일에 거하는 너희 동족 에서의 자손의 지경으로 지날진대 그들이 너희를 두려워하리니 너희는 깊이 스스로 삼가고 그들과 다투지 말라 그들의 땅은 한 발자국도 너희에게 주지 아니하리니 이는 내가 세일 산을 에서에게 기업으로 주었음이로라"(신 2:4, 5).

"그들이 호르 산에서 발행하여 살모나에 진쳤고"(민 33:41).

"우리가 세일 산에 거하는 우리 동족 에서의 자손을 떠나서 아라바를 지나며 엘랏과 에시온 게벨 곁으로 지나 행하고 돌이켜 모압 광야 길로 진행할 때에"(신 2:8).

위의 역사적인 사건으로 보아, 신 출애굽 루트 주장자가 말한 '아말렉 족속은 미디안 광야 인근에 살던 아라비아인'이 아니라 에돔(에서)에 뿌리를 둔 족속으로 그의 조상이 에서의 장자 엘리바스의 첩 딤나로 밝히고 있다. 성경은 아말렉 족속의 조상과 지역이 가나안 남동쪽 사해 바다 아래 부근에 거주한 에돔이라 분명히 말한다. 에돔은 에서의 별명이다. 제2부에서 지리적 위치를 상세히 다룰 것이다.

"야곱에게 이르되 내가 곤비하니 그 붉은 것을 나로 먹게 하라 한지라 그러므로 에서의 별명은 에돔이더라"(창 25:30).

8. 사도 바울은 시내 산 위치를 아라비아에 있는 산으로 정확하게 기록했다.

8.에 대한 반론

사도 바울은 갈라디아서 4장 25절에서 "아라비아에 있는 시내 산"이라 언급하였는데, 이를 '진짜 시내 산이 미디안 광야에 있는 8가지 이유'의 2.에 대한 반론 및 제3부 제1장 3. 시내 산과 홍해의 지리적 위치 2) 시내 산의 지리적 위치를 참고하라.

제2부

성경에서 본 출애굽 루트

제1장 출애굽의 역사적 사실의 진위

현존하신 하나님은 선민 이스라엘을 통해 자신의 전지전능하심을 나타내셨다. 그것은 이스라엘의 40년간 광야생활에서 구름기둥과 불기둥의 인도와 보호만 아니라 만나와 메추라기로 양식을 공급하신 하나님의 자기 사랑을 여실히 드러내셨기 때문이다. 특히 출애굽 루트(route)에서 일어난 사건들은 하나님의 구속사적 의미가 담겨 있는 구약의 핵심이라 해도 과언이 아니다. 그만큼 출애굽 루트가 중요하다는 사실이다.

출애굽 루트는 애굽 라암셋에서 시작하여 요단 강 동쪽 맞은편 모압 평지까지 이스라엘이 주둔한 장소가 연이어 기록되었다면 경로를 쉽게 찾을 수 있지만 그렇지가 않다. 모세오경(창, 출, 레, 민, 신)에 출애굽 루트는 이스라엘이 주둔한 장소가 지명만 언급되기도 하고, 또 지명이 생략되기도 하였다. 예를 들면, 출애굽기 16장 1절에 광야 지명이 엘림과 시내 산 사이에 홍해 가, 돕가, 알루스, 르비딤 지역이 생략되고 신 광야만 기록되었는가 하면, 출애굽기 17장 1절에 신 광야와 르비딤 사이에 돕가와 알루스가 생략되어 있다. 그래서 출애굽 루트에 대한 장소 위치와 지도의 경로를 추적한다는 게 여간 어려운 일이 아니다.

그나마 민수기 33장은 이스라엘의 전체 주둔 장소만 언급되었을 뿐 주둔한 지리적 위치와 장소를 구분하기가 쉽지 않다. 이로써 성경에 여러 곳을 찾아 주둔한 경로를 추적해 가는 방식으로 출애굽 루트를 파악하였다. 제2부 '성경에서 본 출애굽 루트'는 이에 해당하는 성경 구절을 발췌하여 이스라엘이 주둔한 장소의 지리적 위치와 방향, 그리고 거리(km) 등을 살펴서 출애굽 루트를 명확히 해두고자 한다.

1. 에담과 에담 광야에 대한 성경적 사실

하나님은 아브라함과의 횃불언약(창 15:1-17)이 있은 지 사백삼십 년 즈음해서 이스라엘 백성을 애굽에서 이끄심으로 구속사를 전개하셨다. 하나님은 모세를 불러 바로에게 "히브리 사람의 하나님 여호와께서 우리에게 임하셨은즉 우리가 우리 하나님 여호와께 희생을 드리려 하오니 사흘 길쯤 광야로 가기를 허락하소서 하라"(출 3:18)고 명하셨다. 이에 모세는 바로를 찾아가 각각 두 번을 말했다(출 5:3, 8:27). "사흘 길쯤 광야"란 에담 광야를 말한다. "하히롯(비하히롯) 앞에서 발행하여 바다 가운데로 지나 광야에 이르고 에담 광야로"(민 33:8 상반절)라고 하였다. 라암셋에서 에담 광야까지 가려면 두 길(방법)이 있다.

1) 애굽 관문의 국경 수비대를 통과하는 길

성경은 "광야 끝 에담에 장막"(출 13:20; 민 33:6)을 쳤다고 하였다. 에담은 출애굽한 이스라엘이 숙곳 다음으로 두 번째 장막을 친 곳이다. 위치적으로 에담은 요단 강 동편에서 바라볼 때 광야 끝부분인 동시에 애굽의 관문이며, 또 애굽에서는 광야로 진입하는 입구로 애굽의 국경 지역이다. 원어 '에담'(אֵתָם, 에탐)은 '방벽' 또는 '요새'라는 뜻으로, 이는 적의 공격에 대비해서 높이 쌓는 벽을 말한다. 에담의 지명이 말해주듯이, 에담은 애굽의 동쪽 국경 지역으로 애굽과 현 시나이 반도 광야 사이에 경계를 이루었다. 에담은 국경 수비대가 주둔한 곳으로 요새의 일부로 알려져 있다.

이스라엘 백성이 애굽 국경 수비대가 있는 에담을 통과했다면, 라암셋에서 이틀이면 광야로 진

입한다. 하지만 이스라엘은 애굽 국경 수비대의 강화로 에담을 거쳐 광야에 진입하지 못했다기보다는 하나님의 지시에 따라야 했다. 출애굽을 시키신 하나님은 이미 "사흘 길쯤(라암셋→숙곳→에담→비하히롯) 광야"를 계획하셨던 것이다. 그것은 에담에 도착한 백성들이 장막을 친 이틀째 저녁에 하나님의 구름기둥과 불기둥이 출현하여 그들을 홍해 방향으로 인도했기 때문이다(출 13:20-22).

2) 홍해를 건너 에담 광야로 가는 길

이스라엘 백성은 블레셋 사람의 땅의 길로 가나안에 들어갈 수 있는 지름길이 있었다. 하지만 하나님이 그 길로 인도하시지 않은 것은 이스라엘이 블레셋 사람들로 인해 전쟁을 치르면 두려워 도리어 애굽으로 돌아갈까 하여 홍해 쪽으로 방향을 돌렸다(출 13:17). 이스라엘이 애굽 라암셋에서 출발하여 장막을 친 세 지역은 숙곳과 에담과 홍해 앞 비하히롯이었다. 백성이 밤에 홍해를 건넌다면 비하히롯에서 바다 밑을 통과하여 에담 광야까지 진입할 수 있다.

> "하히롯 앞에서 발행하여 바다 가운데로 지나 광야에 이르고 에담 광야로"(민 33:8 상반절).

두 지역인 에담과 에담 광야를 구별해야 한다. 그것은 하나님이 모세에게 말씀하신 "사흘 길쯤 광야"(출 3:18)는 에담 광야를 말한다. 그리고 "광야 끝 에담"(출 13:20)은 출애굽한 이스라엘이 두 번째 장막을 친 장소이다. 두 번째 장막을 친 에담은 애굽 국경 수비대의 주둔지로 그곳을 통과하면 하나님이 말씀하신 "사흘 길쯤 광야" 즉 에담 광야로 들어갈 수 있다. 그렇다면 출애굽한 이스라엘이 두 번째 장막을 친 에담은 애굽에서 국경 수비대가 건설된 이후 붙여진 지명일 뿐 아니라 에담 광야 역시 에담의 지명에서 따온 이름이라 하겠다. 이에 하나님은 애굽의 국경 수비대가 있는 에담을 통과하여 현 시나이 반도 광야로 진입시키지 않으시고 ⓐ수에즈 만 홍해 앞 비하히롯에서(출 14:1, 2), 바다 밑을 지나 에담 광야로 들어가게 하셨다.

3) 수에즈 만 홍해와 아카바 만 홍해

기존 출애굽 루트와 신 출애굽 루트와의 홍해 도하에 대하여 상호 대립하는 원인 중 하나가 두 홍해의 위치에 혼선을 가지는 경향이 있기 때문이다. 이로써 두 홍해에 대하여 살펴보자. 히브리 원어 '홍'(סוף, 수프)이란 '갈대' 또는 '물풀'을 뜻한다. '수프'는 원래 습지 식물에 대한 일반적 용어로 습지 지대에서 자라는 수중 식물을 말한다. 그리고 '해'(ים, 얌)는 '바다'를 뜻한다. 그렇다면 '홍해'(얌수프)는 '갈대 바다'로 당시 홍해 가 주변에 갈대와 풀이 성장했음을 알 수 있다. 중요한 사실

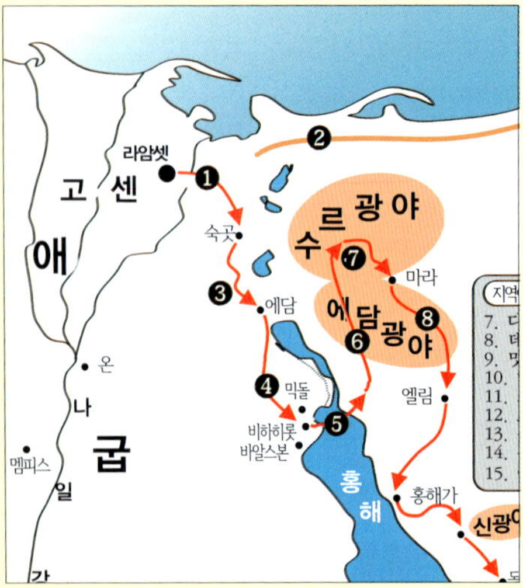

은 홍해가 한 곳이 아니라 ⓐ수에즈 만과 ⓑ아카바 만을 홍해(갈대 바다)로 불렀다는 사실이다. 그러면 ⓐ수에즈 만 홍해와 ⓑ아카바 만 홍해 순으로 성경에서 찾아보자.

① 수에즈 만 홍해

ⅰ. 애굽의 메뚜기가 몰사한 바다가 수에즈 만 홍해

하나님은 모세를 통해 노예로 속박된 이스라엘을 구하기 위해 애굽에 열 재앙을 내리셨다. 그중 메뚜기 재앙으로 하나님이 강렬한 서풍을 일으켜 애굽 온 땅에 메뚜기를 홍해에 몰아넣어 몰사시켰다고 하였다.

> "여호와께서 돌이켜 강렬한 서풍이 불게 하사 메뚜기를 홍해에 몰아넣으시니 애굽 온 지경에 메뚜기가 하나도 남지 아니하니라"(출 10:19).

그렇다면 메뚜기가 몰사한 두 홍해 중 어느 홍해에 몰사하였는가? 이는 메뚜기가 몰사하는 장면을 목격하지 않으면 ⓐ수에즈 만 홍해인지, ⓑ아카바 만 홍해인지를 구분하기 어렵다. 쉽게 구분하기 위해서는 두 홍해의 거리를 보면 알 수 있을 것이다. 애굽에서 직선거리 350km 이상 떨어진 ⓑ아카바 만 홍해와 애굽 경계에 있는 ⓐ수에즈 만 홍해를 거리적으로 비교해 볼 때 메뚜기 떼의 몰사는 ⓐ수에즈 만 홍해로 볼 수 있다. 그것은 애굽 땅 경계에 속한 ⓐ수에즈 만 홍해가 가까워 몰사하는 장면과 메뚜기 떼가 죽어 바다에 떠 있는 것을 목격할 수 있었기 때문이다. 그래서 출애굽기 저자 모세와 백성들이 메뚜기 떼가 몰사했던 장면을 목격한 바다가 ⓐ수에즈 만 홍해를 말한다 하겠다.

ii. 이스라엘 백성이 도하한 바다가 수에즈 만 홍해

이스라엘은 라암셋에서 출발하여 숙곳에 장막을 친 다음 ⓐ수에즈 만 홍해 끝자락을 통과하기 직전 우회하여 두 번째 장소인 에담에 장막을 쳤다. 사실 가나안으로 가는 지름길은 애굽에서 약 8일이면 가나안 남부에 진입할 수 있다. 그 길은 애굽에서 지중해 연안을 따라 '블레셋 사람의 땅의 길'을 통과해서 가나안에 가는 길이다. 하지만 이스라엘이 블레셋으로 인해 전쟁을 보면 두려워 애굽으로 되돌아갈까 염려해서 하나님이 ⓐ수에즈 만 홍해 방향으로 백성을 이끄셨다. 전지하신 하나님은 애굽 관문(수에즈 만 홍해 끝자락에서 지중해 사이)을 이스라엘이 통과하기 전에 백성들의 마음을 읽으시고 "블레셋 사람의 땅의 길은 가까울지라도 하나님이 그들을 그 길로 인도하지 아니하셨으니 이는 하나님이 말씀하시기를 이 백성이 전쟁을 보면 뉘우쳐 애굽으로 돌아갈까 하셨음이라"(출 13:17)고 하셨다.

애초부터 애굽의 관문을 통과시키지 않은 하나님은 이스라엘을 에담으로 우회시켜 그곳에 도착한 저녁 무렵쯤 출현한 구름기둥과 불기둥이 그들을 홍해로 인도하였다. 이 홍해가 ⓐ수에즈 만 홍해이다.

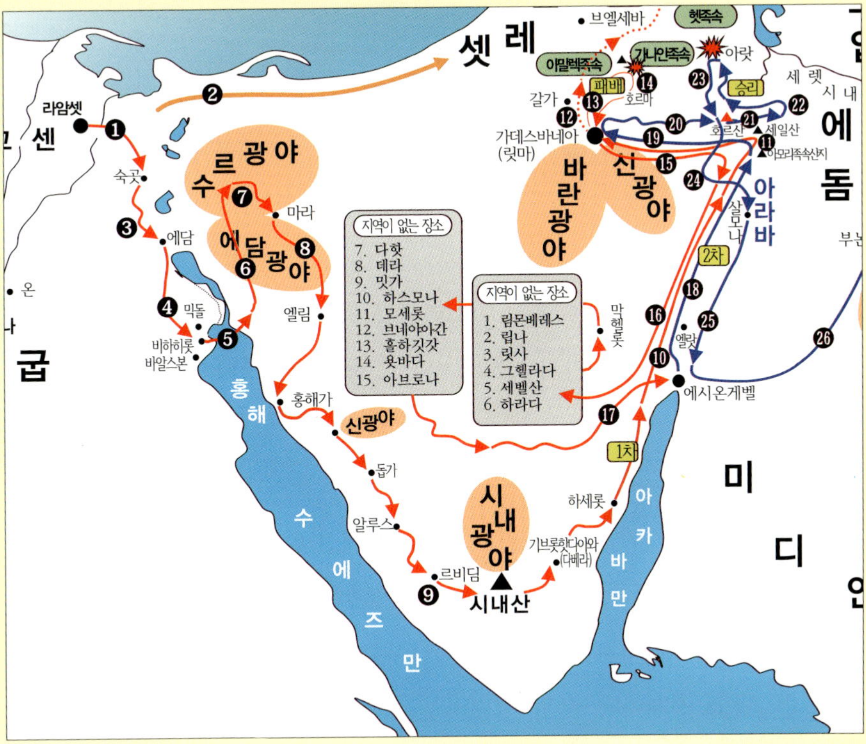

"하나님이 홍해의 광야 길로 돌려 백성을 인도하시매"(출 13:18).

"그들이 숙곳에서 발행하여 광야 끝 에담에 장막을 치니 여호와께서 그들 앞에 행하사 낮에는 구름기둥으로 그들의 길을 인도하시고 밤에는 불기둥으로 그들에게 비취사 주야로 진행하게 하시니 낮에는 구름기둥, 밤에는 불기둥이 백성 앞에서 떠나지 아니하니라"(출 13:20-22).

iii. 수르 광야와 인접해 있는 바다가 수에즈 만 홍해

이스라엘이 홍해를 도하한 성경 구절을 보면 '홍해'와 '수르 광야'

가 인접해 있음을 알 수 있다. 이스라엘은 홍해를 건넌 후 수르 광야에 들어가 삼 일 길을 걸었으나 물을 얻지 못했다고 한다.

"모세가 홍해에서 이스라엘을 인도하매 그들이 나와서 수르 광야로 들어가서 거기서 사흘 길을 행하였으나 물을 얻지 못하고"(출 15:22).

수르 광야가 어느 위치에 있느냐에 따라 이스라엘이 건넌 홍해를 찾을 수 있을 것이다. 하나님은 가나안 정복 시에 이스라엘의 영토에 대하여 가나안 사방 경계를 지시하셨다. 아래 구절은 가나안의 남쪽 경계이다. 훗날 이스라엘은 하나님의 약속을 불이행함으로써 땅을 소유하지 못했다.

"내가 너의 지경을 홍해에서부터 블레셋 바다까지, 광야에서부터 하수까지 정하고 그 땅의 거민을 네 손에 붙이리니 네가 그들을 네 앞에서 쫓아낼지라"(출 23:31).

네 지역을 자세히 보면 "홍해에서부터 블레셋 바다까지"란 ⓐ수에즈 만 홍해 끝자락(에담 지역 위치)에서 지중해 연안을 따라 가나안 남부 블레셋 바다 경계까지를 말하며, '광야에서부터 하수까지'는 애굽 관문에 들어가기 전 수르 광야에서 모세가 지팡이로 하수(河水)를 쳤던 나일 강을 말한다(출 7:17, 20, 21). 다시 말해 길쭉한 ~~ 엑스자형의 도형처럼 왼쪽 하단 끝이 ⓐ수에즈 만 홍해 끝자락부터 ↗ 오른쪽 상단은 블레셋 바다까지를, 그리고 〜형태의 왼쪽 끝이 애굽 나일 강이며 오른쪽 동편은 애굽의 관문 맞은편 수르 광야 지역을 말한다.

가나안 남부의 면적 형태는 가나안 남부에서 서쪽 지중해 연안을 비롯해 수르 광야와 ⓐ수에즈 만 홍해 끝자락의 위치와 애굽의 나일 강까지가 된다. *(⅃ 형태 = 한글 자모 '니은'을 엎어 놓은 지리적 형태이다). 실로 수르 광야가 ⓐ수에즈 만 홍해와 인접해 있다는 성경적 사실로 보아 이스라엘이 ⓐ수에즈 만 홍해로 도하했음을 입증할 수 있다.

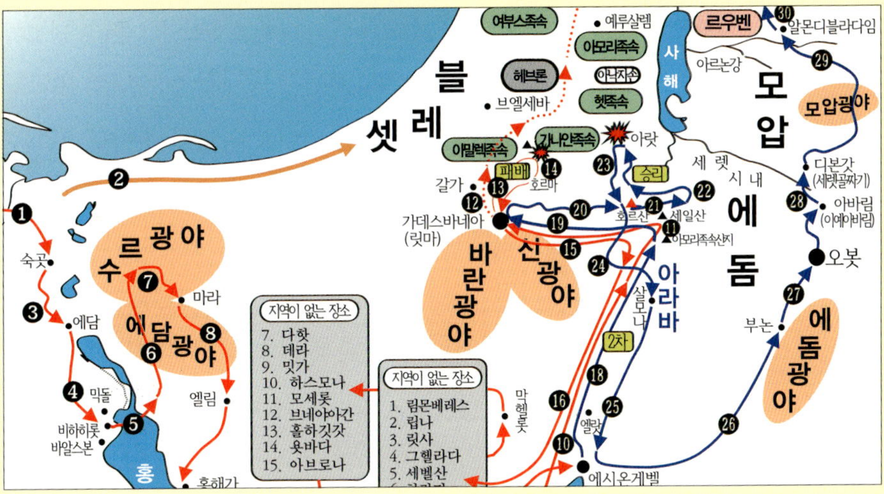

아브라함 시대로 거슬러 올라가면, 하나님은 이미 아브라함과의 횃불 언약에서 그의 후손이 차지할 이스라엘의 영토에 대한 경계를 가나안 남부 서쪽 애굽 땅 나일 강까지 허락하신 것을 볼 수 있다.

"그날에 여호와께서 아브람으로 더불어 언약을 세워 가라사대 내가 이 땅을 애굽 강에서부터 그 큰 강 유브라데까지 네 자손에게 주노니"(창 15:18).

만약 출애굽기 23장 31절에 근거(네 지역='홍해에서 블레셋까지, 광야에서부터 하수까지 정하고')해서 신 출애굽 루트 주장자들에 의하면 가나안 남부가 이스라엘이 도하했다는 ⓑ아카바 만 홍해에서, 아니 미디안(아라비아) 북부에서 애굽 땅 나일 강까지가 된다. 더구나 그들이 주장하는 시내 산이라는 라오즈 산 부근까지 가나안 남부에 속하게 된다. 그렇다면 '가나안 남부는 어디까지 될 것인가?'라는 점에서 해답이 안 나온다. 그리고 현 시나이 반도 북부 50%가 가나안 땅에 편입된다는 사실이다(86페이지 지도 참고). 하나님은 이스라엘이 40년간 방랑할 현 시나이 반도를 이스라엘의 소유로 말씀하셨을까? 뿐만 아니라 황량한 광야를 이스라엘의 영토로 약속한 무모하신 하나님이 아니시라는 것이다.

*(수르 광야에 대하여 이미 언급한 바, 제1부 떨기나무 후기 반론의 '진짜 시내 산이 미디안 광야에 있는 8가지 이유' 에서 5.에 대한 반론을 참고하라).

iv. 이스라엘이 장막을 친 홍해 변이 수에즈 만 홍해이다.

이스라엘은 애굽 라암셋에서 숙곳, 에담, 비하히롯, 홍해를 도하해서 마라, 엘림 그리고 홍해 가에 장막을 쳤다. 앞에서 이미 언급한 바, 하나님은 구름과 불기둥으로 이스라엘을 만 하루 만에 에담에서 홍해 앞 비하히롯까지 인도하셨다고 하였다. 그렇다면 비하히롯에서 홍해를 건넌 이스라엘이 마라, 엘림 다음에 장막을 친 곳이 ⓐ수에즈 만 홍해가 있는 홍해 가이다.

"이스라엘 자손이 라암셋에서 발행하여 숙곳에 진쳤고 숙곳에서 발행하여 광야 끝 에담에 진쳤고 에담에서 발행하여 바알스본 앞 비하히롯으로 돌아가서 믹돌 앞에 진쳤고 하히롯 앞에서 발행하여 바다 가운데로 지나 광야에 이르고 에담 광야로 삼일 길쯤 들어가서 마라에 진쳤고 마라에서 발행하여 엘림에 이르니 엘림에는 샘물 열둘과 종려 칠십 주가 있으므로 거기 진쳤고 엘림에서 발행하여 홍해 가에 진쳤고"(민 33:5-10).

② 아카바 만 홍해

출애굽 루트를 3기로 나누면 초기는 애굽 라암셋에서 시내 산을 경유하여 가데스 바네아까지로, 중기는 광야 37년 6개월로 16곳의 지명만 기록된 림몬 베레스에서 아브로나까지로, 말기는 에시온 게벨에서 가데스를 경유하여 모압 평지까지로 보겠다. ⓑ아카바 만은 ⓐ수에즈 만 홍해와는 달리 이스라엘이 출애굽 초기 시내 산에서 북쪽 가데스에 도착해서 남하한 '홍해 길'과, 출애굽 말기에 에시온 게벨에서 북서쪽 가데스에 도착하여 남하한 '홍해 길'로 구분하여 볼 수 있다. 경로만 차이가 있을 뿐 '홍해 길'은 같은 길이라 할 수 있다. '홍해 길'은 이스라엘이 가데스를 두 차례 주둔한 데서 ⓑ아카바 만 홍해 방향으로 남하했기 때문이다.

ⅰ. 출애굽 초기의 가데스에서 아카바 만 홍해 길

이스라엘은 시내 광야에서 가데스로 올라갔다가 가데스에서 다시 홍해 길로 하여 광야로 들어가게 된다. 민수기 13장은 이스라엘이 가데스 바네아에서 가나안 12정탐꾼의 탐지와 보고에 대한 내용이며, 민수기 14장은 가나안 정탐 보고를 받은 백성들의 원망으로 하나님께 받은 광야생활 40년이라는 징계에 대한 내용이다.

가데스는 가나안 남부 지역과 맞닿는 장소로 이곳을 '극남단'이라고 한다. 가나안 남부에서 극남단 사이에 주요 지역들은 아말렉과 가나안 족속들, 염해(사해), 에돔, 신 광야, 가데스 등이 있었다. 이스라엘이 주둔한 가데스와 가나안 남부에 거주한 아말렉과 가나안 족속과의 거리는 불과 몇십 km였을 것이다. 그래서 가데스와 신 광야가 인접해 있는 지역을 극남단이라 불렀다.

"에시온 게벨에서 발행하여 신 광야 곧 가데스에 진쳤고"(민 33:36).

"유다 자손의 지파가 그 가족대로 제비 뽑은 땅의 극남단은 에돔 지경에 이르고 또 남으로 신 광야까지라 그 남편 경계는 염해의 극단 곧 남향한 해만에서부터 아그랍빔 비탈 남편으로 지나 신에 이르고 가데스 바네아 남편으로 올라가서 헤스론을 지나며 아달로 올라가서 돌이켜 갈가에 이르고 거기서 아스몬에 이르고 애굽 시내에 미치며 바다에 이르러 경계의 끝이 되나니 이것이 너희 남편 경계가 되리라"(수 15:1-4).

또한 가데스와 가나안 남부에 거주한 아말렉과 가나안 족속 지역이 인접해 있음을 아래 구절에서 알 수 있다. 그것은 가데스에 주둔한 이스라엘이 가나안 정탐 보고로 불평한 나머지 하나님께 광야생활 40년이라는 징계를 받았을 때 일부 백성들이 모세의 만류에도 불구하고 가나안을 향해 산지로 올라갔다가 아말렉과 가나안 족속에게 패하고 호르마까지 쫓겨왔던 사건이다.

"모세가 이 말로 이스라엘 모든 자손에게 고하매 백성이 크게 슬퍼하여 아침에 일찍이 일어나 산꼭대기로 올라가며 가로되 보소서 우리가 여기 있나이다 우리가 여호와의 허락하신 곳으로 올라가리니 우리가 범죄하였음이니이다 모세가 가로되 너희가 어찌하여 이제 여호와의 명령을 범하느냐 이 일이 형통치 못하리라 여호와께서 너희 중에 계시지 아니하니 올라가지 말라 너희 대적 앞에서 패할까 하노라 아말렉 인과 가나안 인이 너희 앞에 있으니 너희가 그 칼에 망하리라 너희가 여호와를 배반하였으니 여호와께서 너희와 함께하지 아니하시리라 하나 그들이 그래도 산꼭대기로 올라갔고 여호와의 언약궤와 모세는 진을 떠나지 아니하였더라 아말렉 인과 산지에 거하는 가나안 인이 내려와 쳐서 파하고 호르마까지 이르렀더라"(민 14:39-45).

하나님은 이미 아말렉과 가나안 족속에게 패할 것을 아시고 이스라엘이 주둔해 있는 가데스에서 되돌아 '홍해 길'로 하여 광야로 들어가라고 지시하셨다.

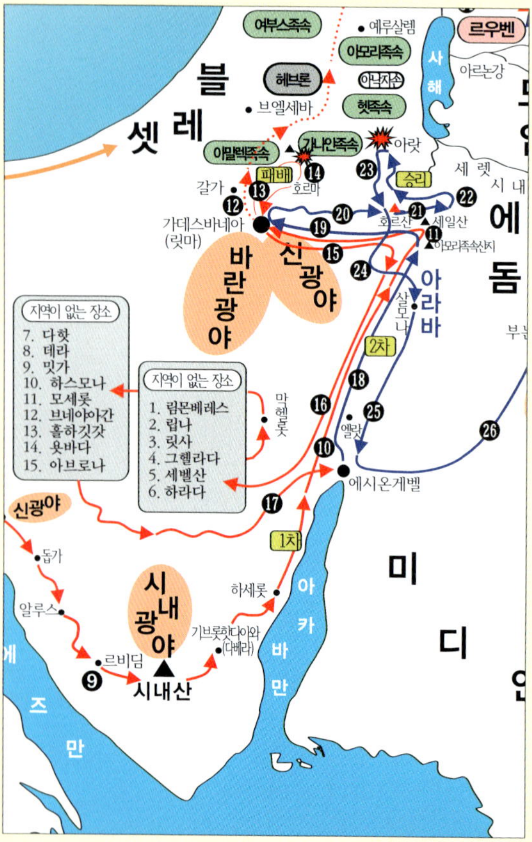

"아말렉 인과 가나안 인이 골짜기에 거하나니 너희는 내일 돌이켜 홍해 길로 하여 광야로 들어갈지니라"(민 14:25).

"너희는 회정하여 홍해 길로 하여 광야로 들어갈지니라 하시매"(신 1:40).

이로 보아 가데스의 위치는 가나안 남부 극남단에 속했음을 알 수 있다. 그래서 이스라엘이 가데스에서 현 시나이 반도의 광야로 되돌아가려면 그들이 왔던 '홍해 길'로 가야 했다. 이 홍해가 ⓑ아카바 만 홍해 방향이다. 이때가 출애굽 초기였다.

i-i. 사사 입다가 역사 설명에서 언급한 아카바 만 홍해 길

입다는 이스라엘을 침략한 암몬 왕에게 이스라엘 영토에 대한 역사를 장황하게 설명하였다(삿 11:1-28). 입다는 대략적인 출애굽 경로를 들어 이스라엘이 애굽에서 나올 때 광야로 행하여 홍해에 이르고 가데스에 도착했다고 한다.

"이스라엘이 애굽에서 올라올 때에 광야로 행하여 홍해에 이르고 가데스에 이르러서는"(삿 11:16).

위의 구절을 분해하면, "이스라엘이 애굽에서 올라올 때"란 지리적으로 가나안이 애굽보다 북쪽에 위치하기 때문에 "애굽에서 올라올 때"라고 표현하였다. 그리고 "광야로 행하여"란 광야생활과 행로를 언급하는가 하면, "홍해에 이르고"란 (아카바 만) 홍해 연안을 말하며, "가데스에 이르러서는"이란 가데스에 도착함을 말한다. 홍해에서 가데스로 가는 경로가 ⓑ아카바 만 홍해 연안을 따라 가데스로 북상하는 '홍해 길'이다(신 2:1).

특히 주안점은 "애굽에서 올라올 때"와 "광야로 행하여"라는 사이에 ⓐ'수에즈 만 홍해'와 '시내 산'을 생략하고 있다는 것이다. 입다는 암몬 왕에게 이스라엘의 홍해 도하와 하나님이 임재하신 시내 산을 언급하여 그분의 위엄과 능력을 부각시킬 수 있었다. 이스라엘의 최고조에 달하는 두 곳의 경유지를 생략한 것은 입다의 실수나 역사에 대한 인식이 부족해서가 아니다. 입다는 하잘것없는 암몬 왕에게 홍해의 기적이라든지 시내 산에 대하여 설명할 필요성을 느끼지 못했을 것이다.

그것은 전쟁에 앞서 이스라엘 영토에 대한 역사를 다루는 시점이었기 때문이다. 입다는 암몬 왕에게 "네 신 그모스가 네게 주어 얻게 한 땅을 네가 얻지 않겠느냐"라고 반문하며 "우리 하나님 여호와

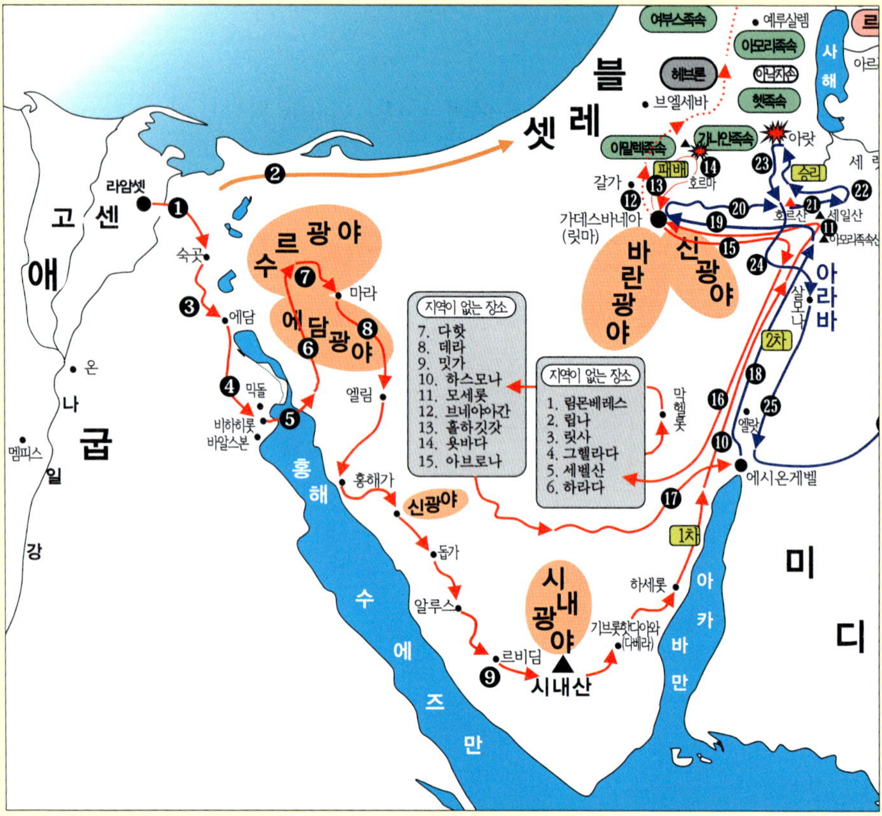

께서 우리 앞에서 어떤 사람이든지 쫓아내시면 그 땅을 우리가 얻으리라"고 하나님만 언급하고 마칠 뿐이다(삿 11:23, 24). 그래서 "애굽에서 올라올 때에"와 "광야로 행하여"라는 사이에 ⓐ수에즈 만 홍해와 시내 산(시내 광야)의 경로를 생략한 것이라 본다.

ii. 출애굽 말기의 가데스에서 아카바 만 홍해 길

이스라엘은 출애굽 중기의 광야생활 37년 6개월을 마치고, 출애굽 말기에 에시온 게벨 북서쪽 가데스에 도착하여 주둔하였다.

> “아브로나에서 발행하여 에시온 게벨에 진쳤고 에시온 게벨에서 발행하여 신 광야 곧 가데스에 진쳤고”(민 33:35, 36).

가데스에 주둔한 이스라엘은 가데스를 비롯해 가나안 남부와 극남단 지역에서 여러 사건들을 겪게 된다. 사건 내용을 보고 이어서 ‘홍해 길’을 살펴보도록 하겠다. 사건 내용은 가데스에서 미리암의 죽음과(민 20:1), 지팡이로 반석을 쳐 생수가 솟은 사건(민 20:11), 호르 산에서 아론의 죽음(민 20:27, 28), 가나안 남부에 가나안 사람 아랏 왕과의 전쟁에서 이스라엘의 승리(민 21:1-3), 호르 산에서 홍해 길로 좇아 에돔 땅을 둘러 행하다가, 험한 길로 인해 원망한 이스라엘에게 불뱀이 출현하여 죽임을 당하는 사건 등이 있었다(민 21:4-9). 그러면 몇 곳의 홍해 길의 방향을 살펴보자.

ii-i. 호르 산에서 에돔 영토의 방향이 아카바 만 홍해 길

‘홍해 길’은 ⓑ아카바 만 홍해 방향을 말한다. 앞에서와 같이 출애굽 초기 홍해 방향의 행로와 같다.

> “백성이 호르 산에서 진행하여 홍해 길로 좇아 에돔 땅을 둘러 행하려 하였다가 길로 인하여 백성의 마음이 상하니라”(민 21:4).

모압 평지를 진입하기 위해서는 지름길인 에돔 영토를 통과해야 했다. 하지만 에돔 왕의 거부로 에돔 영토를 통과하지 못한 이스라엘은 왔던 길로 되돌아 다시 "홍해 길로 광야에 들어가 여러 날 동안 세일 산을 두루 행하였다"라고 하였다.

"우리가 회정하여 여호와께서 내게 명하신 대로 홍해 길로 광야에 들어가서 여러 날 동안 세일 산을 두루 행하더니"(신 2:1).

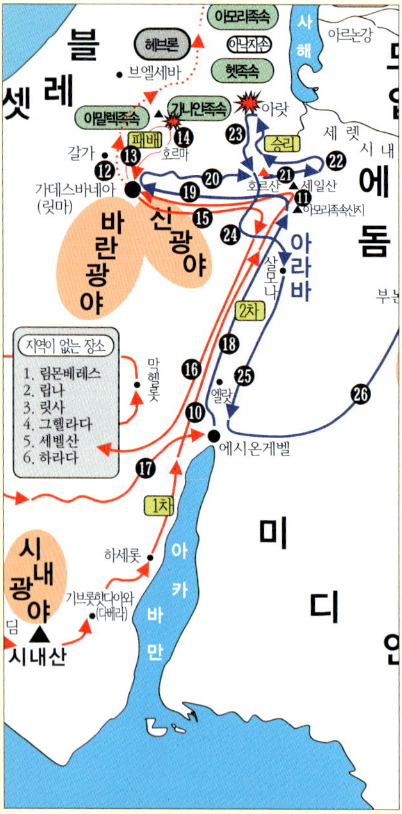

[b]아카바 만 홍해에서 가나안 남부 방향을 오르내릴 때 주로 '홍해 길'이라는 말을 사용하였다. 그리고 "광야에 들어가서"란 홍해 길인 세일 산 인근에 작은 광야가 있었던 것 같다. 신명기 2장 2-7절에 하나님은 에돔 땅을 통과할 때 그들과 싸우지도 말고, 양식과 물까지도 돈을 주고 사서 먹도록 하였다. 그러나 에돔 왕이 영내 통과를 거부하고 전쟁을 불사하자, 이스라엘은 에서의 자손을 떠나 역도보(逆徒步)로 남쪽 아라바를 지나 엘랏과 에시온 게벨 곁(아카바 만 홍해 위치)을 거쳐 에돔과 모압 땅을 우회하여 모압 평지가 있는 싯딤으로 들어가게 된다. 여기서 '홍해 길'

은 에시온 게벨이 위치하는 ⓑ아카바 만 홍해가 있는 길을 말한다.

"우리가 세일 산에 거하는 우리 동족 에서의 자손을 떠나서 아라바를 지나며 엘랏과 에시온 게벨 곁으로 지나 행하고 돌이켜 모압 광야 길로 진행할 때에"(신 2:8).

ii-ii. 조선소가 있는 에시온 게벨의 위치가 아카바 만 홍해 길

솔로몬 시대에 배를 만드는 조선소가 있었던 에시온 게벨이 위치한 홍해는 ⓑ아카바 만 홍해를 말한다. 에돔 족속은 솔로몬 시대에 ⓑ아카바 만 홍해가 있는 에시온 게벨까지 영토를 확장했던 것을 볼 수 있다. 이 시대는 솔로몬이 부귀영화를 누린 때라 아마 에돔 왕이 ⓑ아카바 만 홍해의 조선소를 제공해 준 것 같다.

"솔로몬 왕이 에돔 땅 홍해 물 가 엘롯 근처 에시온 게벨에서 배들을 지은지라"(왕상 9:26).

위의 사사기뿐만 아니라 출애굽기, 민수기, 신명기에도 출애굽 루트의 주요 핵심 경유지만 기록되기도 하고 생략된 지역들이 없지 않아 있다. 실례로 출애굽 루트의 지역이 생략된 구절들을 아래에서 살펴보자. 민수기에는 호르 산에서 출발하여 살모나에 장막을 쳤는데 다음 장소가 부논이다. 신명기의 출애굽 경로를 보면 살모나 이후 아라바, 엘랏, 에시온 게벨(ⓑ아카바 만 홍해)을 경유한 것이 기록되

어 있지만 민수기는 생략되어 있다.

"그들이 호르 산에서 발행하여 살모나에 진쳤고 살모나에서 발행하여 부논에 진쳤고"(민 33:41, 42).

"우리가 세일 산에 거하는 우리 동족 에서의 자손을 떠나서 아라바(살모나 근처)를 지나며 엘랏과 에시온 게벨 곁으로 지나 행하고 돌이켜 모압 광야 길로 진행할 때에"(신 2:8).

출애굽기 16장 1절에는 엘림과 시내 산 사이 신 광야만 기록되었고 그 사이 홍해 가, 돕가, 알루스, 르비딤이 생략되었다.

"이스라엘 자손의 온 회중이 엘림에서 떠나 엘림과 시내 산 사이 신 광야에 이르니 애굽에서 나온 후 제 이월 십오일이라"(출 16:1).

"엘림에서 발행하여 홍해 가에 진쳤고 홍해 가에서 발행하여 신 광야에 진쳤고 신 광야에서 발행하여 돕가에 진쳤고 돕가에서 발행하여 알루스에 진쳤고 알루스에서 발행하여 르비딤에 진 쳤는데 거기는 백성의 마실 물이 없었더라 르비딤에서 발행하여 시내 광야에 진쳤고"(민 33:10-15).

출애굽기 17장 1절에는 신 광야와 르비딤 사이에 돕가, 알루스가 생략되었다.

"이스라엘 자손의 온 회중이 여호와의 명령대로 신 광야에서 떠나 그 노정대로 행하여 르비딤에 장막을 쳤으나 백성이 마실 물이 없는지라"(출 17:1).

"신 광야에서 발행하여 돕가에 진쳤고 돕가에서 발행하여 알루스에 진쳤고 알루스에서 발행하여 르비딤에 진 쳤는데 거기는 백성의 마실 물이 없었더라"(민 33:12-14).

신명기 2장 14절에는 가데스 바네아에서 세렛 시내 사이에 장막을 친 22곳의 지역이 생략되었다.

"가데스 바네아에서 떠나 세렛 시내를 건너기까지 삼십팔 년 동안이라"(신 2:14; 민 33:19-43).

신명기 1장 2절에는 호렙 산과 가데스 바네아 사이에 기브롯핫다아와 하세롯이 생략되었다.

"호렙 산에서 세일 산을 지나 가데스 바네아에까지 열하룻길이었더라"(신 1:2).

"시내 광야에서 발행하여 기브롯핫다아와에 진쳤고 기브롯핫다아와에서 발행하여 하세롯에 진쳤고 하세롯에서 발행하여 릿마[3]에 진쳤고"(민 33:16-18).

---

3) 릿마는 가데스 바네아의 본래 지명이다. 이스라엘이 그곳에 주둔하면서부터 가데스로 개명하였다

위의 실례를 보더라도 출애굽 루트에 생략된 장소들을 알 수 있다. 이처럼 입다가 이스라엘을 침략하려는 암몬 왕에게 이스라엘 역사 속 홍해 도하와 하나님이 임재하신 시내 산을 구태여 말할 필요가 없기 때문에 생략하였던 것으로 본다.

하여튼 가데스 바네아에 주둔한 이스라엘이 '홍해 길'로 하여 광야로 들어갔다는 것은 ⓑ아카바 만 홍해로 진입하는 길이었다. 뿐만 아니라 홍해는 분명 ⓐ수에즈 만 홍해와 ⓑ아카바 만 홍해가 두 곳의 '얌수프'로 갈대 바다였다는 것이다. 그렇다면 이스라엘은 출애굽 초기 1차 ⓐ수에즈 만 홍해를 도하했다가 시내 광야(마라~시내 산~가데스)를 비롯해 출애굽 중기 37년 6개월의 광야를 거치고, 출애굽 말기 에시온 게벨에서 가데스로 북상하여 그곳에서 모압 평지로 진입하기 위해 에돔 땅을 통과하려 했으나 에돔 왕의 거부로 2차 ⓑ아카바 만 '홍해 길'로 해서 에돔과 모압을 우회하여 모압 평지로 진입하게 되었다.

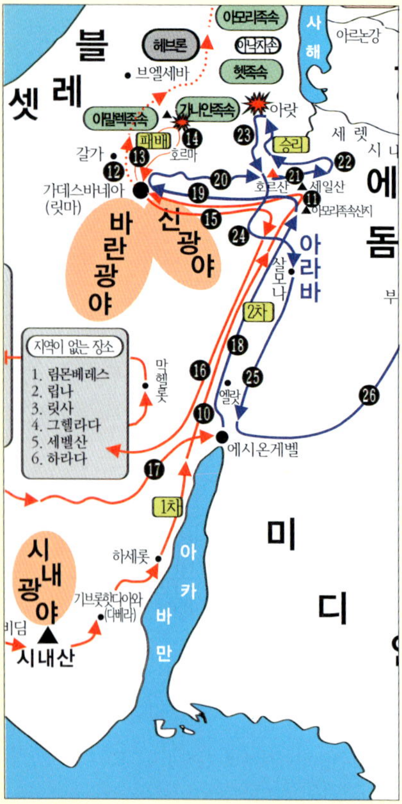

"그 후에 광야를 지나 에돔 땅과 모압 땅을 둘러 행하여 모압 땅 동편에서부터 와서 아르논 저편에 진쳤

고 아르논은 모압 경계이므로 그 경내에는 들어가지 아니하였으며"(삿 11:18).

이로 보아 이스라엘은 ⓑ아카바 만 '홍해 길'(홍해 변)을 따라 북쪽 가데스와 남쪽 ⓑ아카바 만 홍해가 있는 길을 오르내렸음을 알 수 있다.

4) 에담 지역의 지리적 위치

성경은 "광야 끝 에담에 장막"(출 13:20)을 쳤다고 하였다. 성경에 지리적 위치와 방향은 기존 출애굽 루트냐 또는 신 출애굽 루트냐의 정확성을 드러내기 때문이다. 신 출애굽 루트의 주장자들은 에담의 위치를 현 시나이 반도 광야로 본다. 그것은 애굽에서 바라볼 때 '광야 끝 에담'을 ⓑ아카바 만 홍해 앞 비하히롯이라는 뉴웨이바 부근으로 보기 때문이다. 하지만 모세가 '오경'(五經: 창세기, 출애굽기, 레위기, 민수기, 신명기)을 기록한 장소에 따라 에담의 위치가 달라진다.

그러면 성경에서 언급하는 에담의 위치가 어딘가를 자세히 살펴보자. 모세가 '오경'을 기록한 장소는 세 곳으로 추정할 수 있는데, 사우디아라비아의 라오즈 산 부근과 애굽, 그리고 요단 강 동편이다. 우선 현 시나이 반도의 시내 산은 제외시키겠다. 그것은 시내 산에서는 십계명 및 율법(부분적)과 성막제도 등 일부분만 기록되었을 뿐 '오경' 전체가 완성되지 않았기 때문이다.

① 모세가 '오경'을 사우디아라비아의 라오즈 산 부근에서 기록했

다면 '에담'의 위치는 ⓑ아카바 만 홍해 건너편 현 시나이 반도가 되기 때문에 지리적 위치가 맞지 않다. 그것은 라암셋에서 출발하여 첫 번째 장막을 친 장소가 숙곳, 두 번째 장막을 친 곳은 에담, 세 번째는 ⓑ아카바 만 홍해 앞 비하히롯이라는 뉴웨이바에 장막을 쳤기 때문이다. 신 출애굽 루트 주장자들의 주장대로 에담의 위치가 비하히롯이라는 뉴웨이바에서 ⓑ아카바 만 홍해를 건너기 전 바다 부근이나 현 시나이 반도의 광야에 있어야 한다. 위치상 사우디아라비아의 라오즈 산에서 애굽을 바라볼 때 현 시나이 반도 광야에 있는 에담은 ⓑ아카바 만 홍해 건너 홍해 변 부근에 위치한다. 이로 보아 '광야 끝 에담에 장막'을 쳤다는 것과 전혀 맞지가 않다.

② 모세가 '오경'을 애굽에서 기록했다면 현 시나이 반도를 지나 ⓑ아카바 만 홍해를 건너기 전 '광야 끝 에담'에 장막을 쳤다는 것에 대하여 설득력이 있게 보인다. 신 출애굽 주장자들은 아마 이 주장을 펼치는 것 같다. 그러면 거리를 보자. 애굽 라암셋에서 현 시나이 반도를 횡단하여 ⓑ아카바 만 홍해 앞 비하히롯이라는 뉴웨이바까지 직선거리가 약 350km며, 도보거리는 500km정도로 3일간의 횡단은 불가능하다는 사실을 일러둔다. *(2. 라암셋에서 에담 광야까지의 일수를 참고하라).

모세가 애굽에서 430년간 노예로 살았던 이스라엘과 더불어 출애굽하는 와중에 애굽을 배경삼아 '오경'을 기록한다는 것은 허황된 일이며, 모세 자신이 납득할 수 없는 일일 뿐더러 더구나 하나님께서 허락지 않는 일이라 하겠다. 왜냐하면 '에담'은 야곱이 그의 가족 70

인과 함께 애굽에 들어간 관문이기도 하지만, 이는 훗날 이스라엘 백성이 430년간 고역을 치르기 위해 조상들이 들어간 애굽의 관문이기도 하다.

③ 모세가 '오경'을 요단 강 동편에서 기록했다면, 신 출애굽 루트의 관점에서 볼 때('광야 끝 에담에서 장막'을 쳤다는) 지리적 위치가 맞지 않다. 출애굽 루트는 두 가지 관점에서 볼 수 있는데, 기존 출애굽 루트와 신 출애굽 루트이다.

ⅰ. 신 출애굽 루트를 살펴보자.

숙곳과 에담과 비하히롯이라는 뉴웨이바, 이 세 지역을 ①과 같은 경로[4]로 보고, 요단 강 동편에서 바라보았을 때 문제는 신 출애굽 루트의 주장자대로 '에담'의 위치가 현 시나이 반도 남동쪽 ⓐ아카바 만 홍해가 있는 뉴웨이바 부근이 된다.

*(뉴웨이바에서 계속 남하하면 기존 시내 산과 연결이 된다). 그러면 현 시나이 반도 남동쪽 뉴웨이바 부근에 있는 에담과 '광야 끝 에담'의 위치와는 전혀 다른 방향임을 알 수 있다. 다시 말해 애굽이 바라보이는 ⓐ수에즈 만 홍해가 있는 '광야 끝 에담'과 뉴웨이바 부근과는 지리적 위치와 방향이 신 출애굽 루트의 주장자들과는 다른 입장을

4) 애굽 라암셋에서 출발하여 첫 번째 장막을 친 숙곳, 두 번째 장막을 친 에담, 세 번째는 ⓑ 아카바 만 홍해 앞 비하히롯이라는 뉴웨이바에 장막을 친 경로이다.

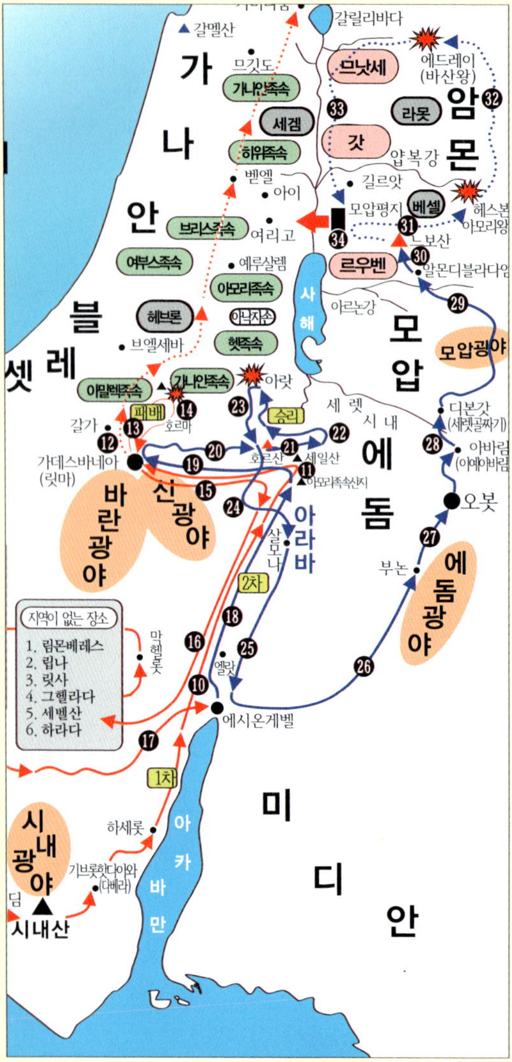

보여 준다. 이로써 "광야 끝 에담에 장막"을 쳤다는 것과 신 출애굽 루트 주장자들의 주장과는 아무런 관련이 없는 동떨어진 곳이라 하겠다.

위 세 가지의 추정을 정리하면, 모세가 '오경'을 기록한 장소는 첫째 라오즈 산 부근도 아니요, 둘째 '광야 끝 에담'이 ⓑ아카바 만 홍해 뉴웨이바 부근이라 할지라도 애굽에서 '오경'을 기록한 사실이 성경에 없을 뿐더러, 셋째 요단 강 동편 역시 신 출애굽 루트의 주장자대로라면 '광야 끝 에담'의 위치와 방향이 전혀 다른 것을 알 수 있다.

ii. 기존 출애굽 루트를 살펴보자.

기존 출애굽 루트를 조명하면, '광야 끝 에담'에 장막을 친 기록에 대하여 모세는 요단 강 동편에 머물렀다는 사실을 보여 준다. 결론부터 말해 모세의 입장은 자신이 머문 요단 강 동편에서 지리적 위치와 방향을 설정하여 서쪽 방향 애굽을 바라보며 이스라엘이 '광야 끝 에담'에 장막을 쳤다고 하였다. 이 같은 것은, 모세가 '오경'을 요단 강 동편에서 완성하였기 때문이다.

대다수 성경의 저자들은 자기가 머문 장소를 밝힐 뿐 아니라, 또 그 장소에서 대상과 사건을 설명하고 위치와 방향을 제시한다. 구약이나 신약의 저자들도 마찬가지이다. 구약시대에 포로생활을 했던 위인들도 성경을 기록할 때 자기가 머문 장소(바벨론, 메데, 바사, 앗수르 등)를 밝히고 고국 이스라엘이나 유대 또는 예루살렘과 성전 등의 위치와 방향을 언급한다. 두 인물의 실례를 들면, 바벨론의 총리였던 다니엘은 자기 방에서 창문을 열고 예루살렘을 향하여 기도하였고(단 6:10), 사도 바울도 자신이 갇힌 감옥에서 각 지역에 떨어진 개인 또는 교회에 서신을 보냈다(엡 3:1; 골 4:10; 딤후 1:8; 몬 1:1 등등).

"다니엘이 이 조서에 어인이 찍힌 것을 알고도 자기 집에 돌아가서는 그 방의 예루살렘으로 향하여 열린 창에서 전에 행하던 대로 하루 세 번씩 무릎을 꿇고 기도하며 그 하나님께 감사하였더라"(단 6:10).

"이러하므로 그리스도 예수의 일로 너희 이방을 위하여 갇힌 자 된 나 바울은…"(엡 3:1).

"나와 함께 갇힌 아리스다고와 바나바의 생질 마가와 (이 마가에 대하여 너희가 명을 받았으매 그가 이르거든 영접하라)"(골 4:10).

"그러므로 네가 우리 주의 증거와 또는 주를 위하여 갇힌 자 된 나를 부끄러워 말고 오직 하나님의 능력을 좇아 복음과 함께 고난을 받으라"(딤후 1:8).

"그리스도 예수를 위하여 갇힌 자 된 바울과 및 형제 디모데는 우리의 사랑을 받는 자요 동역자인 빌레몬과"(몬 1:1).

모세는 요단 강 동편에서 '오경'을 기록할 때, 현 시나이 반도 서편 애굽을 바라보며 애굽의 국경 수비대가 있는 '광야 끝 에담'에 이스라엘이 장막을 쳤다는 명확한 사실을 보여 준다. 이스라엘은 애굽 라암셋에서 숙곳과 에담과 ⓐ수에즈 만 홍해 앞 비하히롯에 각각 장막을 쳤는데, 두 번째 장막을 친 장소가 '광야 끝 에담'이었다. 사실 요단 강 동편에서 '오경'을 기록한 모세의 관점에서 '광야 끝 에담'이라 하였다.

무엇보다도 모세는 자기가 있는 위치를 분명히 나타낸다. 신명기에 '요단 저편'과 '요단 이편'을 구체적으로 언급하고 있다. 모세는 '요단 저편'(신 1:1, 5)이라 하였을 때 자기가 머문 장소에서 요단 강 동편 땅을 점령한 아모리 족속(헤스본 왕 시혼, 바산 왕 옥)의 땅을 말하고 있다. 그리고 "요단 이편 해 돋는 편" 즉 요단 동편(신 4:41)은 모세가 점령한 아모리 족속의 땅에 직접 들어가 설명할 때를 가리킨다.

"이는 모세가 요단 저편 숲 맞은편의 아라바 광야 곧 바란과 도벨과 라반과 하세롯과 디사합 사이에서 이스라엘 무리에게 선포한 말씀이니라"(신 1:1).

"모세가 요단 저편 모압 땅에서 이 율법 설명하기를 시작하였더라 일렀으되"(신 1:5).

"때에 모세가 요단 이편 해 돋는 편에서 세 성읍을 구별하였으니"(신 4:41).

더 확실한 것은 민수기 하반부에는 성경을 기록한 장소까지 언급한다. 민수기 33장 1-49절은 출애굽한 이스라엘이 라암셋에서부터 시작하여 광야에서 장막을 친 지역을 상세히 설명한다. 그리고 민수기 33장 50절부터 하나님은 정복할 가나안을 땅의 경계와 이스라엘 12지파에게 그 땅을 분배할 것을 지시하셨다. 이로써 모세는 하나님께 지시받은 장소가 "여리고 맞은편 요단 가 모압 평지"라고 함으로써 민수기뿐 아니라 '모세 오경'과 더불어 출애굽 루트를 기록·완성하였음을 알 수 있다.

ii-i. 가나안 땅의 분배에 대한 지시(민 33:50-34:29)

"여리고 맞은편 요단 가 모압 평지에서 여호와께서 모세에게 일러 가라사대"(민 33:50)

ii-ii. 레위인의 성읍과 도피성(민 35:1-34)

"여호와께서 여리고 맞은편 요단 가 모압 평지에서 모세에게 일러 가라사대"(민 35:1)

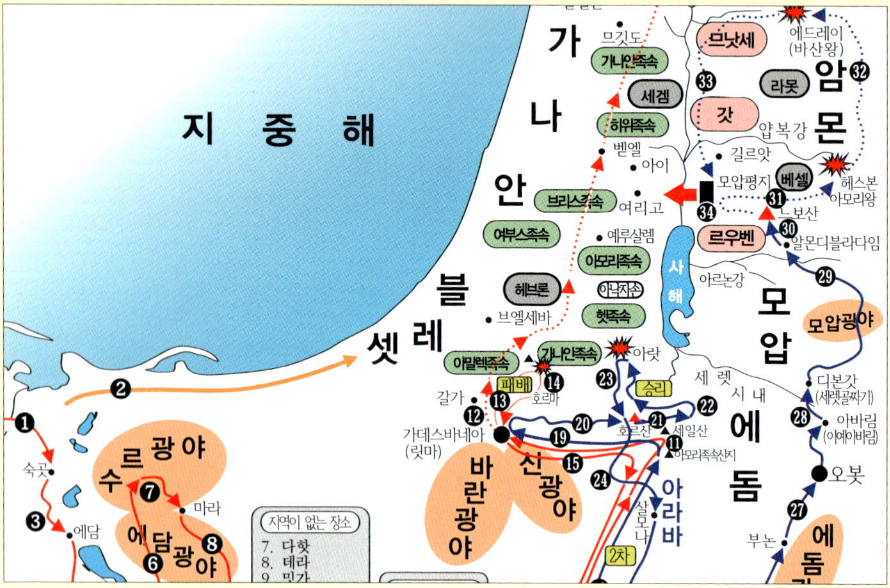

ii-iii. 슬로브핫의 딸들에 대한 재산 상속법(민 36:1-13)

"이는 여리고 맞은편 요단 가 모압 평지에서 여호와께서 모세로 이스라엘 자손에게 명하신 명령과 규례니라"(민 36:13)

민수기와 신명기는, 모세가 율법을 재설명한 위치와 가나안 땅의 분배 및 도피성 등에 대한 하나님의 지시를 받은 장소가 모압 평지라는 구절들을 근거해도, 모세가 '오경'을 기록할 때 요단 강 동편 모압 평지에서 완성하였음을 성경은 스스로 입증하고 있다. 그렇다면 요단 강 동편 모압 평지에서 '오경'을 완성하였다는 것은 누구도 부인할 수 없는 사실이다. 이로 보건대 모세가 현재 있는 위치, 즉 요단 강 동편 '모압 평지'에서 서쪽 애굽 방향을 향해 "광야 끝 에담"이라 한 것을 보면 [a]수에즈 만 홍해 끝자락에 위치하며 현 시나이 반도 광야 끝에 있는 애굽의 국경 수비대로 불리는 에담이 확실하다 하겠다.

2. 라암셋에서 에담 광야까지의 일수(日數)

신 출애굽 루트의 주장자는 하나님이 모세에게 "…애굽 왕에게 이르기를 히브리 사람의 하나님 여호와께서 우리에게 임하셨은즉 우리가 우리 하나님 여호와께 희생을 드리려 하오니 "사흘 길쯤 광야"로 가기를 허락하소서 하라"(출 3:18)는 말씀을 인용하여, 이스라엘 백성이 애굽 라암셋에서 현 시나이 반도 광야를 횡단하여 ⓑ아카바 만 홍해 앞 비하히롯이라는 뉴웨이바까지 3일 만에 도착했다고 주장한다(출 5:3, 8:27). 그것은 하나님의 구름기둥과 불기둥의 인도와 능력으로 가능했다고 한다. 여기서 '구름기둥과 불기둥의 출현'과 "사흘 길쯤 광야"에 대하여 구체적으로 살펴보고자 한다.

1) 구름기둥과 불기둥이 언제 출현하였는가?

① 구름기둥과 불기둥의 출현 시기

신 출애굽 루트의 주장자는 구름기둥과 불기둥의 출현 시기가 분명치 않다. 다만 "사흘 길쯤 광야"(출 3:18)를 근거해서 출애굽한 이스라엘 백성이 구름기둥과 불기둥의 인도로 현 시나이 반도 광야를 주야 3일간 횡단하여 ⓑ아카바 만 홍해 앞 비하히롯이라는 뉴웨이바에 도착했다고 한다. 하지만 성경은 출애굽한 이스라엘 백성이 라암셋에서 숙곳, 그리고 두 번째 장소인 에담에 장막을 쳤을 때 구름기둥과 불기둥이 출현하였다고 한다(출 13:20, 21). 장막을 쳤다는 것은 저녁 무렵을 말한다. 그것은 이스라엘이 낮에는 행군을 하고 저녁은 장막을 쳐야 유숙할 수 있었기 때문이다.

구름기둥과 불기둥이 출현한 배경을 살펴보자. 하나님이 구름기둥과 불기둥을 출현시키신 때는 애굽의 모든 집의 장자를 장사하는 때에 애굽 왕 바로가 비로소 이스라엘이 탈출한 것을 알았을 때이다. 이때가 이스라엘이 출애굽한 지 이틀째 되는 날로 장자 사망의 혼란한 시점이었다. 바로는 이스라엘이 출애굽한 사건을 뒤늦게 보고받았던 것이다.

> "애굽인은 여호와께서 그들 중에 치신 그 모든 장자를 장사하는 때라 여호와께서 그들의 신들에게도 벌을 주셨더라"(민 33:4).
>
> "혹이 백성의 도망한 것을 애굽 왕에게 고하매 바로와 그 신하들이 백성에 대하여 마음이 변하여 가로되 우리가 어찌 이같이 하여 이스라엘을 우리를 섬김에서 놓아 보내었는고 하고 바로가 곧 그 병거를 갖추고 그 백성을 데리고 갈새 특별 병거 육백 승과 애굽의 모든 병거를 발하니 장관들이 다 거느렸더라(출 14:5-7).

이로써 바로는 애굽의 군대를 동원하여 이스라엘을 추격하기 시작하였고, 이를 아신 하나님은 이스라엘이 이틀째 에담에 장막을 친 저녁 무렵에 구름기둥과 불기둥을 출현시켜 백성들이 신속히 이동해야 할 밤길을 밝히셔야 했다. 그래서 하나님은 에담에 장막을 친 그 날 저녁부터 ⓐ수에즈 만 홍해 앞 비하히롯에 이르는 다음날 밤까지 구름기둥과 불기둥으로 이스라엘을 주야로 진행시키신 것이다.

뿐만 아니라 하나님은 이스라엘 백성을 구름기둥과 불기둥으로 이끄실 때 친히 장막 칠 곳을 찾으셨고, 두 기둥으로 백성의 갈 길을 지시하셨던 것이다. 하나님은 애굽 라암셋에서 숙곳과 에담까지 모세를 통해 이스라엘을 이끄셨지만, 에담에 도착한 저녁부터는 하나님이 두 기둥으로 친히 이스라엘을 인도하셨다. 이에 따라 이스라엘은 에담에서부터 두 기둥에 의해 수동적으로 이동할 수밖에 없었다.

"그들이 숙곳에서 발행하여 광야 끝 에담에 장막을 치니 여호와께서 그들 앞에 행하사 낮에는 구름기둥으로 그들의 길을 인도하시고 밤에는 불기둥으로 그들에게 비취사 주야로 진행하게 하시니"(출 13:20, 21).

"그는 너희 앞서 행하시며 장막 칠 곳을 찾으시고 밤에는 불로, 낮에는 구름으로 너희의 행할 길을 지시하신 자니라"(신 1:33).

이로 보아 하나님의 구름기둥과 불기둥이 출현한 시점은 이스라엘이 에담에 도착한 저녁 무렵으로 ⓐ수에즈 만 홍해 앞 비하히롯에 도착하기까지 두 기둥의 인도는 만 하루(24시간)밖에 되지 않는다.

② "사흘 길쯤 광야"의 거리와 일수

위에서 보는 바와 같이, 이스라엘 백성이 구름기둥과 불기둥의 인도를 받아 주야 3일 만에 현 시나이 반도 광야를 횡단하여 ⓑ아카바만 홍해 앞 비하히롯이라는 뉴웨이바까지 도착했다고 한다. 그것은 '구름기둥과 불기둥의 인도로 이스라엘의 장정만 아니라 노약자와 임산부까지도 하나님이 힘 주심으로써 가능했다'고 한다. *(신 출애굽 루트 주장자의 동영상).

하지만 구름기둥과 불기둥의 출현은 에담에 도착한 이틀째 저녁이었기 때문에 ⓐ수에즈 만 홍해 앞 비하히롯 앞까지 두 기둥이 이스라엘을 인도한 일수는 만 하루밖에 되지 않는다. 신 출애굽 루트 주장자의 해석대로 구름기둥과 불기둥이 출현하여 이스라엘을 ⓑ아카바 만 홍해 앞 비하히롯이라는 뉴웨이바까지 3일간 인도했다고 한다면, 현 시나이 반도 3일간의 횡단은 성경에 맞지 않다 하겠다. 구름기둥과 불기둥은 두 번째 장막을 친 에담에 도착한 저녁에 출현했기 때문이다. 그렇다면 두 기둥의 인도는 에담 저녁에서 비하히롯까지 삼 일 길이 아니라 만 하루라는 사실이다.

신 출애굽 루트 주장자들이 애굽 라암셋에서 ⓑ아카바 만 홍해 앞 비하히롯이라는 뉴웨이바까지 3일 만에 횡단했다고 하는 주장은 신빙성이 없다. 애굽 라암셋에서 ⓑ아카바 만 홍해 앞 뉴웨이바까지는 자그마치 직선거리가 약 350km이며 도보거리는 500km 정도가 되는 거리이기 때문이다. *(구글 어스(Google earth)로 측정한 거리이다).

이스라엘 백성이 라암셋에서 [b]아카바 만 홍해 앞 뉴웨이바까지 직선거리가 약 350km이며, 도보거리는 500km 정도의 시나이 반도 광야를 과연 3일 만에 횡단할 수가 있는가? 하루 청·장년이 해거름까지 걷는 걸음이 35km 정도[5]라고 할 때 직선거리 350km로 계산하면 약 10일이 걸린다. 도보거리로 500km 정도[6]의 광야를 해거름으로 쉬지 않고 걸었을 때 14일이 소요된다. 그렇다면 노약자와 부녀자, 그리고 어린아이와 가축몰이 등은 거리의 일수를 어떻게 계산할 수 있겠는가? 여러 환경과 조건, 그들의 체력을 감안한다면 현 시나이 반도 광야를 3일 만에 횡단한다는 것은 불가능한 일이다.

그에 따른 현 시나이 반도 광야를 3일 만에 횡단했다는 신 출애굽 루트 주장자의 성경 인용구는 맹수와 힘센 짐승을 묘사하는 구절들이다. 이스라엘의 강함을 위해 수사자, 암사자, 들소, 말 등의 인용구를 사용하였다.

"이 백성이 암사자같이 일어나고 수사자같이 일어나서 움킨 것을 먹으며 죽인 피를 마시기 전에는 눕지 아니하리로다 하매" (민 23:24).

"하나님이 그를 애굽에서 인도하여 내셨으니 그 힘이 들소와 같도다 그 적국을 삼키고 그들의 뼈를 꺾으며 화살을 쏘아 꿰뚫

---

5) 경북 포항시 해병대 훈련소에서 천자봉까지의 거리는 30km로, 이는 군인이 30kg인 완전군장을 하고 6시간 동안 행군하는 거리인데, 왕복은 12시간이 소요된다. 세계 레이스 대회에서 사하라 사막을 일반인이 45km의 거리를 13시간 걸었다고 한다. 하루 해거름으로 10시간을 걷는다면 약 35.5km를 걷을 수 있다.

6) KTX 고속철도로 서울에서 부산까지의 거리가 423.8km이고, 일반철도는 441.7km이다. 서울에서 대구까지는 293.1km가 된다.

으리로다"(민 24:8).

"그들을 인도하여 은금을 가지고 나오게 하시니 그 지파 중에 약한 자가 하나도 없었도다"(시 105:37).

"그들을 깊음으로 인도하시되 말이 광야에 행함과 같이 넘어지지 않게 하신 자가 이제 어디 계시뇨"(사 63:13).

"여호와의 신이 그들로 골짜기로 내려가는 가축같이 편히 쉬게 하셨도다 주께서 이같이 주의 백성을 인도하사 이름을 영화롭게 하셨나이다 하였느니라"(사 63:14).

위의 인용구는 거짓 선지자인 술사 발람이(수 13:22; 벧후 2:15, 16), 모압 왕 발락에 의해 여리고 성 맞은편 모압 평지에 머물고 있는 이스라엘 백성에게 저주하려다가, 하나님의 강권적인 역사로 이스라엘 백성에 대한 축복의 예언과 이사야와 시편 기자가 이스라엘의 해방과 기쁨, 그리고 영화를 나타내시는 하나님을 비롯해 강한 그의 백성에 대한 상징적 비유의 표현이다. 그런데 이 구절들이 이스라엘 백성을 마치 애굽 라암셋에서 시나이 반도 광야를 3일 만에 횡단하게 한 뒷받침의 구절로 인용한 것은 성경을 곡해한 것이다.

성경의 실례를 들어보자. 신명기 1장 31절에 "광야에서도 너희가 당하였거니와 사람이 자기 아들을 안음같이 너희 하나님 여호와께서 너희의 행로 중에 너희를 안으사 이곳까지 이르게 하셨느니라"고 하셨다. 이는 모세가 이스라엘이 광야 40년의 생활을 거의 마치고 요단 강 동편 모압 평지에 도착한 후에 언급한 구절이다.

여기서 "너희 하나님 여호와께서 너희의 행로 중에 너희를 안으사

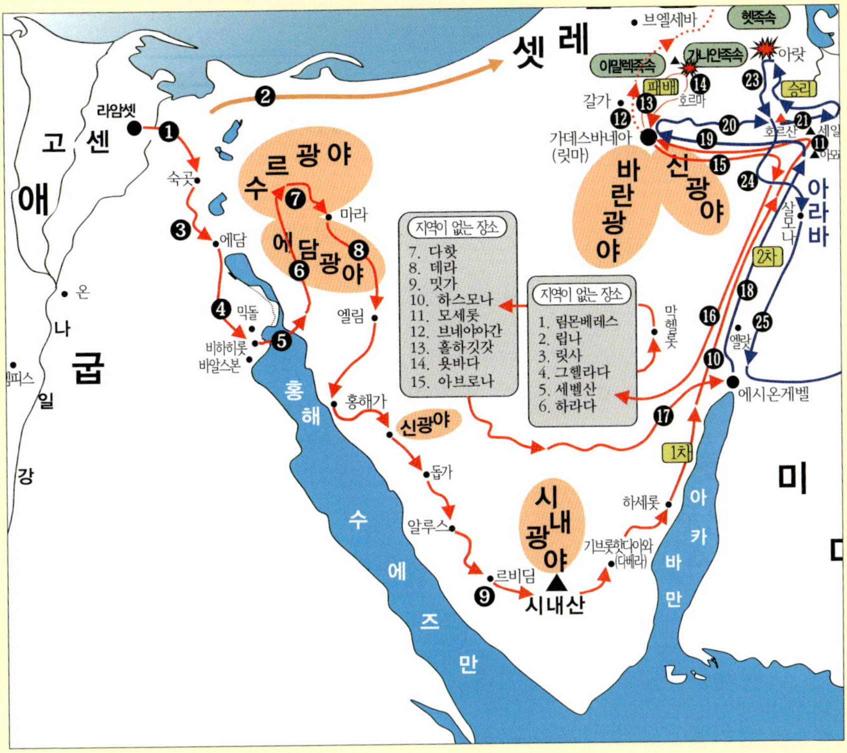

이곳까지 이르게 하셨다"라는 표현은, 문자적으로 해석해서 하나님이 200만 명이나 되는 이스라엘을 하나님의 능력의 팔로 안아서 옮겨 놓았다는 말이 아니다. 이는 하나님이 이스라엘을 애굽 라암셋에서 모압 평지에 이르기까지 홍해와 광야를 거치는 동안 만나와 메추라기로 일용할 양식을 주시고, 낮에는 구름기둥과 밤에는 불기둥의 보호와 인도로 요단 강 동편 모압 평지까지 무사히 도착하였다는 것에 대한 하나님의 은혜와 능력의 표현이다.

다시 말해 민수기 23장 24절과 24장 8절, 이사야 63장 13, 14절에 나타나는 암사자, 수사자, 들소, 말 등을 묘사한 것은 하나님의 능력으로의 강한 백성인 이스라엘에 대한 상징적 비유의 표현이라 하겠다.

2) 사흘 길쯤 광야는 어디를 말하는가?

"사흘 길쯤 광야"(출 3:18)라는 글귀 해석에 따라 ⓐ수에즈 만 홍해 부근이냐 또는 ⓑ아카바 만 홍해 부근이냐로 지역이 바뀐다.

① 아카바 만 홍해 앞 비하히롯이라는 뉴웨이바

신 출애굽 루트 주장자들은 이스라엘 백성이 애굽 라암셋에서 현 시나이 반도 광야를 3일간 횡단하여 도착한 장소가 ⓑ아카바 만 홍해 앞 비하히롯이라는 뉴웨이바라고 한다. 앞에서 이미 언급한 바, 문제는 이스라엘 백성이 도보거리 약 500km가 되는 현 시나이 반도 광야를 3일 만에 비하히롯이라는 뉴웨이바에 도착할 수 있느냐이다. 그것은 불가능한 일이다. *(2. 라암셋에서 에담 광야까지의 일수 ② "사흘 길쯤 광야"의 거리와 일수를 참고하라).

i. 개역성경과 개역개정 성경을 살펴보자.

현 시나이 반도 광야를 3일 만에 횡단했다고 주장하는 사람은 개역개정 성경을 두고 하는 말일 것이다. 개역성경과 개역개정 성경의 "사흘 길쯤 광야"라는 구절들을 비교해 보고자 한다. 하나님은 모세에게 "사흘 길쯤 광야로 가도록 허락하소서 하라"(출 3:18)고 하셨고, 모세는 바로에게 가서 각각 두 번이나 하나님께서 명하신 말씀을 언급하였다(출 5:3, 8:27).

i-i. 개역개정 성경[7]의 세 구절을 살펴보자.

"그들이 네 말을 들으리니 너는 그들의 장로들과 함께 애굽 왕에게 이르기를 히브리 사람의 하나님 여호와께서 우리에게 임하셨은즉 우리가 우리 하나님 여호와께 제사를 드리려 하오니 사흘 길쯤 광야로 가도록 허락하소서 하라"(출 3:18).

"그들이 이르되 히브리인의 하나님이 우리에게 나타나셨은즉 우리가 광야로 사흘 길쯤 가서 우리 하나님 여호와께 제사를 드리려 하오니 가도록 허락하소서 여호와께서 전염병이나 칼로 우리를 치실까 두려워하나이다"(출 5:3).

"우리가 사흘 길쯤 광야로 들어가서 우리 하나님 여호와께 제사를 드리되 우리에게 명령하시는 대로 하려 하나이다"(출 8:27).

i-ii. 개역성경의 구절들을 보자.

"그들이 네 말을 들으리니 너는 그들의 장로들과 함께 애굽 왕에게 이르기를 히브리 사람의 하나님 여호와께서 우리에게 임하셨은즉 우리가 우리 하나님 여호와께 희생을 드리려 하오니 사흘 길쯤 광야로 가기를 허락하소서 하라"(출 3:18).

"그들이 가로되 히브리인의 하나님이 우리에게 나타나셨은즉 우리가 사흘 길쯤 광야에 가서 우리 하나님 여호와께 희생을 드

7) 1998. 8. 31. 초판 발행, 대한성서공회

리려 하오니 가기를 허락하소서 여호와께서 온역이나 칼로 우리를 치실까 두려워하나이다"(출 5:3).

"우리가 사흘 길쯤 광야로 들어가서 우리 하나님 여호와께 희생을 드리되 우리에게 명하시는 대로 하려 하나이다"(출 8:27).

개역성경은 "사흘 길쯤 광야로 가기를"(출 3:18), "사흘 길쯤 광야에 가서"(출 5:3), "사흘 길쯤 광야로 들어가서"(출 8:27)라는 세 구절의 의미가 같다. 개역개정 성경은 "사흘 길쯤 광야로 가도록"(출 3:18), "광야로 사흘 길쯤 가서"(출 5:3), "사흘 길쯤 광야로 들어가서"(출 8:27)라는 구절들 중에, 출애굽기 3장 18절은 '광야로 가도록' 하여 애매하게 수정하였고, 출애굽기 5장 3절은 "광야로 사흘 길쯤 가서"라며 상반되게 글귀를 고쳐 썼다.

이는 성경의 독자로 하여금 혼동을 불러일으키게 한다. 왜냐하면 출애굽기 5장 3절에 "광야로 사흘 길쯤 가서"라고 수정함으로써 신 출애굽 루트 주장자들의 주장처럼, 현 시나이 반도 광야를 3일 만에 횡단했다고 하는 내용으로 성경의 독자가 받아들일 수 있기 때문이다. 개역개정 성경을 개정 작업하는 이가 출애굽기 5장 3절에 "광야로 사흘 길쯤 가서"라는 글귀를 수정하지 않고, 개역성경 출애굽기 5장 3절과 같이 "사흘 길쯤 광야에 가서"라고 원래대로 두어야 했다. 수정하는 이가 성경 구절의 내용이 같은 출애굽기 3장 18절과 8장 27절은 수정하지 않고 출애굽기 5장 3절만 수정한 것을 보면, 수정의 오류를 더 범한 것 같다.

어쨌든 "사흘 길쯤 광야"가 ⓑ아카바 만 홍해 앞 뉴웨이바라는 신 출애굽 루트의 주장에 반한다 하겠다. 이로 보아 이스라엘이 애굽 라암셋에서 현 시나이 반도 광야를 3일 만에 횡단하여 ⓑ아카바 만 홍해 앞 비하히롯이라는 뉴웨이바에 장막을 친 역사적인 장소가 아니라는 사실을 밝혀둔다.

② 수에즈 만 홍해 건너 에담 광야

하나님은 모세에게 "사흘 길쯤 광야로 가기를 허락하소서"(출 3:18, 5:3, 8:27) 하도록 지시하셨다. 결론부터 말하면 "사흘 길쯤 광야"란 광야를 사흘 길쯤 걷는다기보다 '사흘 길쯤 가면 광야로 간다'는 의미로 이해해야 한다. 앞에서 이미 언급한 바, 애굽 라암셋에서 현 시나이 반도 광야의 도보거리 약 500km를 ⓑ아카바 만 홍해 앞 비하히롯이라는 뉴웨이바까지 사흘 만에 횡단한다는 것은 불가능하다고 하였다.

그렇다면 "사흘 길쯤 광야"가 어디인가를 성경에서의 위치와 구글 어스(Google earth)의 과학적 증거로 추적해 보고자 한다. 출애굽한 이스라엘은 라암셋에서 홍해 앞 비하히롯까지 세 곳에 장막을 쳤다. 그곳은 숙곳, 에담, 비하히롯이다(민 33:5-7). '사흘 길'이란 라암셋에서 숙곳까지가 하룻길(출 12:37), 또 숙곳에서 에담까지가 하룻길(출 13:20), 그리고 에담에서 ⓐ수에즈 만 홍해 앞 비하히롯까지 주야 도보로 만 하룻길로(출 14:2) 도합 3일째이다. 이는 이스라엘 백성이 라암셋에서 출발하여 하루해가 저물어 갈 때마다 장막을 친 장소였다.

"이스라엘 자손이 라암셋에서 발행하여 숙곳에 진쳤고 숙곳에서 발행하여 광야 끝 에담에 진쳤고 에담에서 발행하여 바알스본 앞 비하히롯으로 돌아가서 믹돌 앞에 진쳤고"(민 33:5-7).

위의 구절에서 애굽 라암셋에서 숙곳과 에담과 비하히롯 지역에 각각 장막을 쳤다는 것은 이스라엘이 저녁 무렵쯤 장막 친 세 곳에서 유숙하였음을 말해준다 하겠다.

구글 어스로 '사흘 길'을 측정한 결과, 애굽 라암셋에서 ⓐ수에즈만 홍해 앞 비하히롯까지 직선거리 약 130km며, 도보거리는 150km 정도가 된다. 하룻길쯤을 대략 계산해서 먼저 라암셋에서 숙곳까지 40km 정도, 다음은 숙곳에서 에담까지가 약 40km로, 그리고 에담에서 비하히롯까지 거리가 조금 먼데 약 70km로 볼 수 있겠다. 도합 도보거리 150km이다. 하루 청·장년의 걸음을 해거름으로 약 35~40km로 본다면, 하나님이 왜 이틀째 되는 에담에서 구름기둥과 불기둥을 출현시켜 이스라엘을 홍해 앞 비하히롯까지 주야 70km를 진행시키셨는지 그 이유를 알 수 있을 것이다.

이스라엘 백성이 ⓐ수에즈 만 홍해 앞 비하히롯까지 사흘간의 걸음은 속도전이 아닐 수 없었다. 그것은 애굽의 열 재앙 전후 상황을 고려해 볼 때 이스라엘이 긴박하게 움직인 것을 알 수 있다(출 12장).

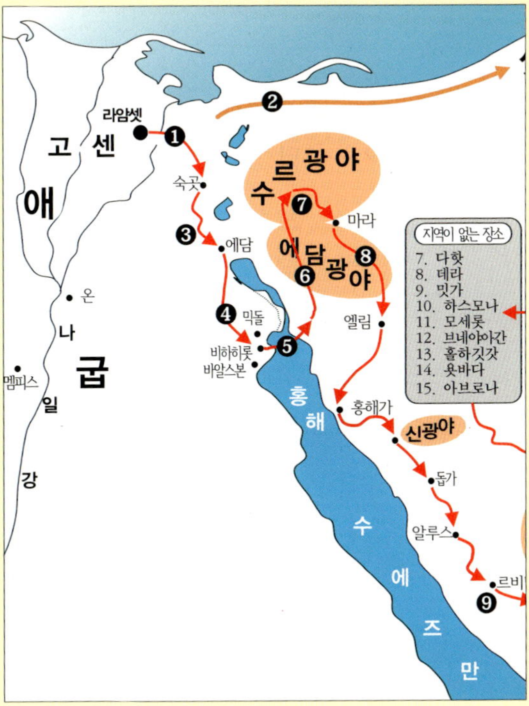

장자 사망의 재앙을 앞둔 이스라엘은 그 밤에 어린 양을 잡아 문설주와 인방에 피를 바르고, 목민으로서 출애굽할 태세로 '허리에 띠를 띠고 발에 신을 신고 손에 지팡이를 잡은 채'(출 12:11), 양고기와 무교병과 쓴 나물을 먹은 후 급히 탈출하느라 애굽에서 '임시 먹을 음식만 옷에 싸서'(출 12:34), '아무 양식도 준비하지 못한 상태'(출 12:39)로 나왔다. 이를 감안하면 노약자를 비롯해 부녀자와 아이들까지 발걸음을 재촉했을 것이고, 걸음의 속도는 평상시보다 무척 빨랐을 것이다.

"백성이 발교되지 못한 반죽 담은 그릇을 옷에 싸서 어깨에 메니라"(출 12:34).

"그들이 가지고 나온 발교되지 못한 반죽으로 무교병을 구웠으니 이는 그들이 애굽에서 쫓겨남으로 지체할 수 없었음이며 아무 양식도 준비하지 못하였음이었더라"(출 12:39).

또한 이스라엘이 "사흘 길쯤 광야"로 진입할 장소는 에담 광야를 말한다. 앞에서 숙곳, 에담, 홍해 앞 비하히롯까지 사흘 길을 언급했다. 이제 홍해만 건너면 광야, 즉 에담 광야에 도착하게 된다. 이는 애굽 군대가 이스라엘을 추격할 밤에 이스라엘 진 앞에 행하던 하나님의 사자가 백성의 후미로 이동할 때 구름기둥도 뒤로 옮겨 이스라엘과 애굽의 군대 사이를 막았고, 하나님이 큰 동풍으로 밤새도록 불어 새벽에 ⓐ수에즈 만 홍해가 길을 열어 백성들이 바다 밑을 통과하여(출 14장) 에담 광야에 도착했다.

아래 두 구절을 보면, 출애굽기는 '수르 광야'로 민수기는 '에담 광야'로 각각 기록되어 있다. 수르 광야는 현 시나이 반도 북서쪽 ⓐ수에즈 만 홍해 끝자락과 지중해 연안 사이에 위치한다. 이는 수르 광야와 에담 광야가 서로 맞닿아 있는 지역이다.

"모세가 홍해에서 이스라엘을 인도하매 그들이 나와서 수르 광야로 들어가서"(출 15:22).

"하히롯(비하히롯) 앞에서 발행하여 바다 가운데로 지나 광야에 이르고 에담 광야로"(민 33:8).

여기서 '에담'과 '에담 광야'를 잘 이해해야 한다. 출애굽기 13장 20절의 "광야 끝 에담"과 민수기 33장 8절의 '에담 광야'는 서로 근처에 있는 지역이다. "광야 끝 에담"은 이스라엘 백성이 출애굽 시 숙곳 다음으로 두 번째 장막을 친 장소로 애굽 국경 수비대가 있는 지역이다. 국경 수비대가 있는 곳은 애굽의 관문이며 육로로 '에담 광야'로 가는 진입로가 된다.

하나님은 "사흘 길쯤 광야로 가기를 허락하소서 하라"고 하셨는데, 여기서 "사흘 길쯤 광야"란 삼 일 길을 가서 ⓐ수에즈 만 홍해를 건너 들어간 광야가 '에담 광야'이다. 다시 말해 애굽 국경 수비대가 있는 곳이 에담이고, 그 지역을 통과하면 '에담 광야'로 진입하게 된다. 반면에 ⓐ수에즈 만 홍해를 건너서 뒤로 돌아가면 '에담 광야'에 이르는 동일 지역이다. "사흘 길쯤 광야"(출 3:18)와 '에담 광야'(민 33:8)는, 동일한 광야 지역이지만 애굽 국경 수비대가 있는 에담 지역은 다르다 하겠다. 그리고 홍해를 건너면 에담 광야와 수르 광야가 맞닿아 있다. 다시 구절들을 보자.

"그들이 네 말을 들으리니 너는 그들의 장로들과 함께 애굽 왕에게 이르기를 히브리 사람의 하나님 여호와께서 우리에게 임하셨은즉 우리가 우리 하나님 여호와께 희생을 드리려 하오니 사흘 길쯤 광야로 가기를 허락하소서 하라"(출 3:18).

"모세가 홍해에서 이스라엘을 인도하매 그들이 나와서 수르 광야로 들어가서"(출 15:22).

"하히롯(비하히롯) 앞에서 발행하여 바다 가운데로 지나 광야에 이르고 에담 광야로"(민 33:8).

정리하면 하나님이 모세에게 "사흘 길쯤 광야로 가기를 허락하소서 하라"고 명하신 애굽 라암셋에서 숙곳까지 해거름으로 약 40km의 하룻길, 숙곳에서 에담까지 약 40km의 하룻길, 그리고 에담에서 비하히롯까지 구름기둥과 불기둥의 인도로 주야로 도보한 70km

가 만 하루로 도보거리 총 150km 정도의 거리에 도착한 이스라엘이 비하히롯에서 ⓐ수에즈 만 홍해를 건너 에담 광야에 진입하였다. 이로 보아 기존 출애굽 루트가 확연히 드러난 셈이다(출 3:18).

하나님은 이스라엘을 현 시나이 반도 광야로 이끌지 않으시고 왜 ⓐ수에즈 만 홍해로 인도하셨는가에 대해서는 세 가지 이유에서이다. 이는 현존하신 하나님이 전능하심을 목도하게끔 하기 위함이다.

첫째, 하나님이 이스라엘을 가나안의 지름길인 블레셋 영토가 있는 그 길로 인도하시지 않은 것은 블레셋으로 인해 전쟁을 보면 애굽으로 되돌아갈까 염려해서 라암셋에서 숙곳으로 진입할 때 애굽의 관문을 통과하기 전 미리 ⓐ수에즈 만 홍해로 방향을 돌리셨다.

"바로가 백성을 보낸 후에 블레셋 사람의 땅의 길은 가까울지라도 하나님이 그들을 그 길로 인도하지 아니하셨으니 이는 하나님이 말씀하시기를 이 백성이 전쟁을 보면 뉘우쳐 애굽으로 돌아갈까 하셨음이라 그러므로 하나님이 홍해의 광야 길로 돌려 백성을 인도하시매"(출 13:17, 18).

여기서 "홍해의 광야 길로"란 [a]수에즈 만 홍해를 건넌 후 광야 길로 들어감을 말한다.

둘째, 이스라엘을 430년간 속박한 대가로 애굽 군대를 홍해에 수장하기 위함이었다.

"모세가 곧 손을 바다 위로 내어밀매 새벽에 미쳐 바다의 그 세력이 회복된지라 애굽 사람들이 물을 거스려 도망하나 여호와께서 애굽 사람들을 바다 가운데 엎으시니 물이 다시 흘러 병거들과 기병들을 덮되 그들의 뒤를 좇아 바다에 들어간 바로의 군대를 다 덮고 하나도 남기지 아니하였더라 그러나 이스라엘 자손은 바다 가운데 육지로 행하였고 물이 좌우에 벽이 되었었더라 그날에 여호와께서 이같이 이스라엘을 애굽 사람의 손에서 구원하시매 이스라엘이 바닷가의 애굽 사람의 시체를 보았더라"(출 14:27-30).

셋째, 홍해의 기적과 애굽 군대의 수장으로 인해 구원받은 이스라엘로부터 하나님께서 영광과 찬송을 받으시기 위함이었다.

"내가 바로의 마음을 강퍅케 한즉 바로가 그들의 뒤를 따르리니 내가 그와 그 온 군대를 인하여 영광을 얻어 애굽 사람으로 나를 여호와인 줄 알게 하리라 하시매 무리가 그대로 행하니라"(출 14:4).

“내가 애굽 사람들의 마음을 강퍅케 할 것인즉 그들이 그 뒤를 따라 들어갈 것이라 내가 바로와 그 모든 군대와 그 병거와 마병을 인하여 영광을 얻으리니 내가 바로와 그 병거와 마병으로 인하여 영광을 얻을 때에야 애굽 사람들이 나를 여호와인 줄 알리라 하시더니”(출 14:17, 18).

“이때에 모세와 이스라엘 자손이 이 노래로 여호와께 노래하니 일렀으되 내가 여호와를 찬송하리니 그는 높고 영화로우심이요 말과 그 탄 자를 바다에 던지셨음이로다…”(출 15:1-21).

그렇다. 바로의 손에서 자기 백성 이스라엘을 구원하기 위함뿐 아니라 애굽 군대를 홍해에 수장시켜 하나님이 영광을 받으시기 위함이었다. 그래서 하나님은 이스라엘을 라암셋에서 숙곳, 에담, ⓐ수에즈 만 홍해 앞 비하히롯까지 도보거리 약 150km의 3일 길을 걷게 하셨고, 이에 바로와 군대의 추격을 아신 하나님이 이틀째 되는 에담의 저녁쯤 구름기둥과 불기둥을 출현시켜 백성이 주야로 도보한 결과 ⓐ수에즈 만 홍해를 건너 구원을 얻게 하신 것이다. 이미 언급된 구절이지만 다시 한 번 보자.

“그들이 숙곳에서 발행하여 광야 끝 에담에 장막을 치니 여호와께서 그들 앞에 행하사 낮에는 구름기둥으로 그들의 길을 인도하시고 밤에는 불기둥으로 그들에게 비취사 주야로 진행하게 하시니 낮에는 구름기둥, 밤에는 불기둥이 백성 앞에서 떠나지 아니하니라”(출 13:20-22).

제2장 가데스 바네아의 위치는 어디인가?

1. 고대 무덤인 꾸레이야가 가데스라는 반증

신 출애굽 루트 주장자는 라오즈 산 부근의 꾸레이야가 가데스 바네아라는 또 다른 증거를 제시한다. 그것은 사막에서 발견한 고대 무덤이 이스라엘 백성이 광야 37년 6개월 동안 장막 생활을 하며 지낸 1세대들의 무덤이라고 한다. 떨기나무의 글귀를 인용하면 "이건 분명히 가나안에 들어가지 못한 이스라엘의 1세대들의 무덤이다. 가데스 바네아는 어떤 곳인가? 200만이 넘는 이스라엘 백성들이 약 37년 6개월 동안 천막 생활을 하면서 지냈던 곳이다"라고 하였다.[8)]

8) 떨기나무 p. 303

1) 고대 무덤을 발견한 꾸레이야 반증

고대 무덤의 장소가 가데스가 확실한지 살펴보자. 결론부터 말하면 이스라엘 백성은 가데스에서 37년 6개월 동안 거주하지 않았다. 신 출애굽 루트 주장자는 이스라엘이 37년 6개월 동안 가데스에서 주둔했다며 또 다른 주둔지 16곳을 가데스의 한 지역으로 묶어버린다. 이유는 고대 공동묘지를 발견했기 때문이다.

성경에는 이스라엘 백성의 광야생활 40년 가운데 출애굽 루트의 초기와 말기만 기록되어 있다. 하지만 이스라엘이 광야생활 37년 6개월이라는 기간 속에 자그마치 광야 16곳을 이동하며 주둔했다고 한다. 지명은 림몬베레스, 립다, 릿사, 그헬라다, 세벨산, 하라다, 막헬롯, 다핫, 데라, 밋가, 하스모나, 모세롯, 브네야아간, 홀하깃갓, 욧바다, 아브로나 등이다.

"…림몬베레스에 진쳤고 림몬베레스에서 발행하여 립나에 진쳤고 립나에서 발행하여 릿사에 진쳤고 릿사에서 발행하여 그헬라다에 진쳤고 그헬라다에서 발행하여 세벨 산에 진쳤고 세벨 산에서 발행하여 하라다에 진쳤고 하라다에서 발행하여 막헬롯에 진쳤고 막헬롯에서 발행하여 다핫에 진쳤고 다핫에서 발행하여 데라에 진쳤고 데라에서 발행하여 밋가에 진쳤고 밋가에서 발행하여 하스모나에 진쳤고 하스모나에서 발행하여 모세롯에 진쳤고 모세롯에서 발행하여 브네야아간에 진쳤고 브네야아간에서 발행하여 홀하깃갓에 진쳤고 홀하깃갓에서 발행하여 욧바다에 진쳤고 욧바다에서 발행하여 아브로나에 진쳤고"(민 33:19-34).

본 절에서 '…에서 발행하여 …에 진쳤고'라며, 이스라엘이 주둔지를 이동하며 장막을 쳤다고 말한다. 이로 보아 이스라엘 백성은 가데스 지역의 한 장소에 안주한 것이 아니라 하나님의 구름기둥과 불기둥의 인도로 16장소를 이동하면서 장막을 치고 또 장막을 걷는 연속적인 생활이 지속되었다. 이로써 백성들은 1세대가 죽으면 그들이 주둔한 지역에서 가까운 곳에 매장했을 것이다. 그들은 구름기둥을 벗어나면 열기가 치솟는 광야에서 16곳의 주둔지마다 수십km 혹은 일백km가 넘는 거리에 시신을 메고 가데스라는 꾸레이야에 집중적으로 매장한다는 것은 불가능한 일이다.

모세 곁에서 기둥 역할을 했던 아론과 미리암을 보자. 가데스에서 미리암이 죽었을 때 가데스에 매장이 되었고(민 20:1), 호르 산에서 아론이 죽었을 때 그곳에 매장된 것을 보아 알 수 있다(민 20:25-29). 유명한 두 인물도 그렇거늘, 하물며 가데스에서 열두 정탐꾼의 보고로 원망과 불평을 쏟아낸 이스라엘이 하나님께 광야 40년이라는 징계를 받고 광야에서 죽으리라는 1세대, 그들이야 말할 것이 무엇이 더 있겠는가! 이로 보아 이스라엘은 그들이 주둔한 장소에 그들의 시신을 매장했을 것이 확실하다 하겠다.

성경에서 언급하는 가데스는 가나안 남부 극남단이라 명시하고

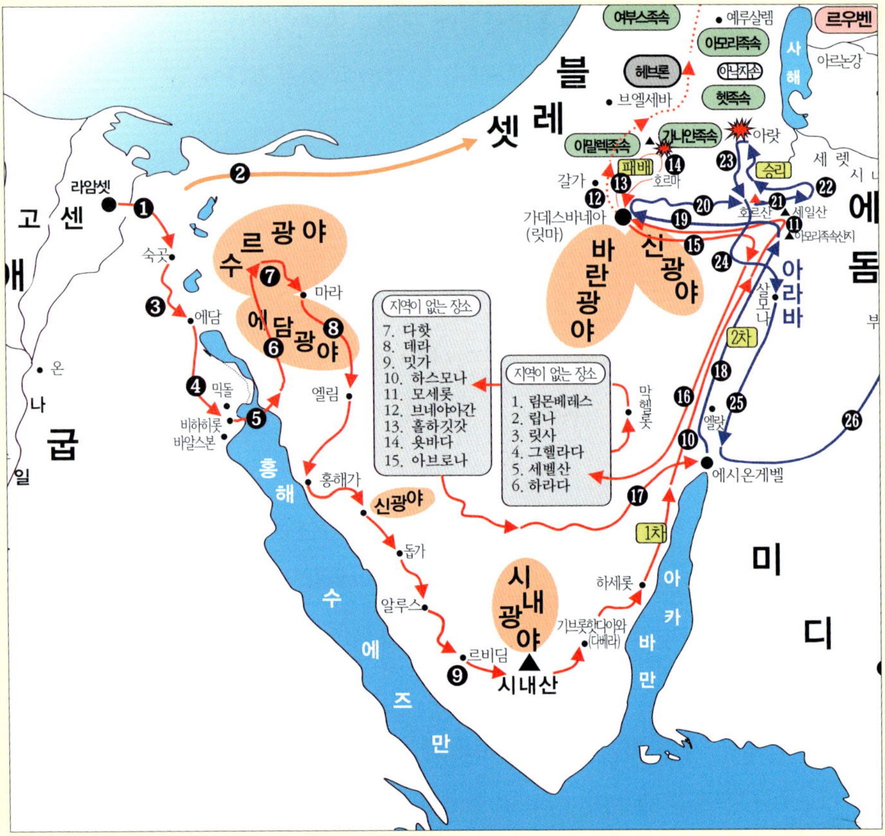

있다. 앞에서 이미 언급한 바, 지리적 위치와 방향을 보면 가데스는 현 사우디아라비아라는 미디안에 위치한 곳이 아니라 가나안 남부 극남단 지역이라고 밝히고 있다. 이로 보아 꾸레이야의 고대 무덤은 이스라엘 백성의 1세대들 무덤이 아님을 성경이 증명해 준다.

꾸레이야의 고대 무덤은 시대마다 사라진 아라비아 민족이거나 또는 여러 부족들의 공동묘지일 것이다. 문명이 발달한 고대 도시를 봐도 불가사의한 일이 수없이 많다. 오늘날 고대 문명 속에 사라진 민족과 도시들 속에는 우리가 이해할 수 없는 미스터리(mystery)가 많다. 고대 도시에 집단적인 생활로 죽은 사람들의 무덤을 발굴한데도 고작 수십 구(具)에 불과한 경우도 있고, 또 꾸레이야같이 사라진 도시 속에 고대 무덤을 발견할 수도 있다. 꾸레이야에서 고대 무덤을 수천 수만 구를 발견했다 하더라도 그곳이 성경에서 말하는 가데스가 아님을 지리적 위치를 보아서 알 수 있다. 재차 말하지만 성경에서 언급하는 가데스는 가나안 극남단이 확실함으로써 기존 출애굽 루트의 가데스가 더욱 분명해졌다. 가데스의 위치는 가나안 유다 자손의 남쪽 경계에서 극남단 신 광야가 있는 곳이다(민 33:36; 수 15:1).

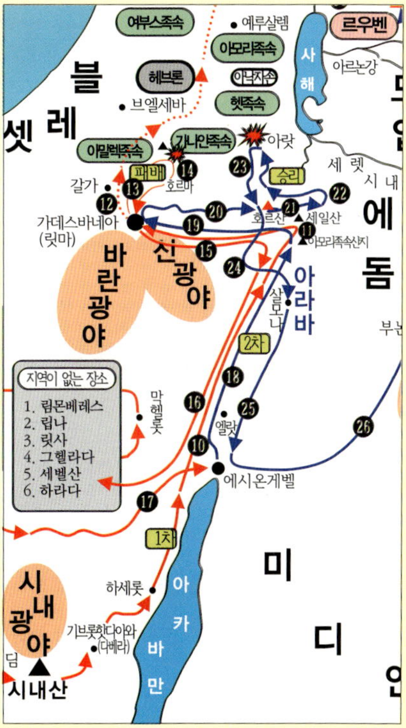

2) 가나안 탐지 기간과 거리로 측정한 가데스

가나안 탐지 40일의 기간과 거리를 측정하여 꾸레이야가 가데스바네아인지를 또 다른 방법으로 살펴보겠다. 모세는 가데스에 도착하여 12정탐꾼을 차출하여 40일간 가나안 전역을 조사하도록 하였다. 북으로는 가나안 하맛 르홉까지 정탐하도록 하였다(민 13:21). 여기서 가나안의 면적을 살펴보고, 이어 40일의 정탐 일수를 계산함으로써 꾸레이야가 가데스인지를 알아보자.

구글의 인공위성에서 촬영한 구글 어스(Google earth)로 가나안 면적을 측정하였음을 밝혀둔다. 가나안 남부에서 북부 하맛 르홉까지 길이가 약 230km이다(민 13:21). 또한 가나안 남부의 지중해에서 사해까지 넓은 폭은 약 105km 정도이고, 북쪽에 좁은 폭은 약 48km가 된다. 기존 출애굽 루트를 보면, 가나안 남부에서 남쪽으로 35km 정도 가면 가데스가 있다. 모세가 12정탐꾼을 파견한 가나안 극남단 가데스에서 가나안 북부 하맛 르홉까지의 총 길이가 약 265km가 된다.[9] 가데스에서 하맛 르홉까지의 거리와 12정탐꾼이 탐지한 40일간의 기간을 계산해서, 사우디아라비아의 꾸레이야가 실제 가데스인지 아닌지를 밝혀주는 또 하나의 중요한 단서라 할 수 있겠다.

그러면 기존 출애굽 루트의 가데스와 신 출애굽 루트의 가데스라는 꾸레이야를 살펴보기로 하자. 먼저, 기존 출애굽 루트는 가나안 극남단의 가데스에서 모세가 12정탐꾼을 40일간 가나안에 탐지시켰을 때, 그들은 모세의 지시대로 가나안 땅을 샅샅이 살펴볼 수 있었다. 탐지 활동은 가나안 원주민 및 군사의 강약과 다소, 땅의 호불호(好不好), 성읍이 진영인지 산성인지의 여부, 토지의 상태, 수목의 유무 상태이다. 거리는 가나안 극남단에 있는 가데스에서 가나안 북부 하맛 르홉까지의 총 길이가 약 265km가 된다.

9) 가나안 북부 하맛 르홉에서 가나안 남부까지의 거리 230km와 가나안 남부에서 가나안 극남단 가데스까지의 거리 35km를 합하면 265km이다.

문제는 다음이다. 사우디아라비아의 가데스라는 꾸레이야에서 북서쪽 방향 가나안 극남단에 위치한 기존 출애굽 루트의 가데스까지 직선거리 약 230km가 된다. 그리고 모세가 정탐꾼을 파견한 가나안 극남단 가데스에서 북부 하맛 르홉까지의 직선거리는 약 265km 정도이다. 그렇다면 꾸레이야에서 가나안 북부 하맛 르홉까지의 총 직선거리는 약 495km가 된다.[10] 광야 길 도보거리로 계산하면 600km 이상이 될 것이다. 하루 청·장년이 걷는 해거름을 35km로 볼 때 약 17일이 소요된다. 왕복 거리를 계산하면 1,200km 이상의 거리로 식사 시간은 물론 휴식도 없이 도보 거리로만 꼬박 34일 이상을 걸어야 한다.

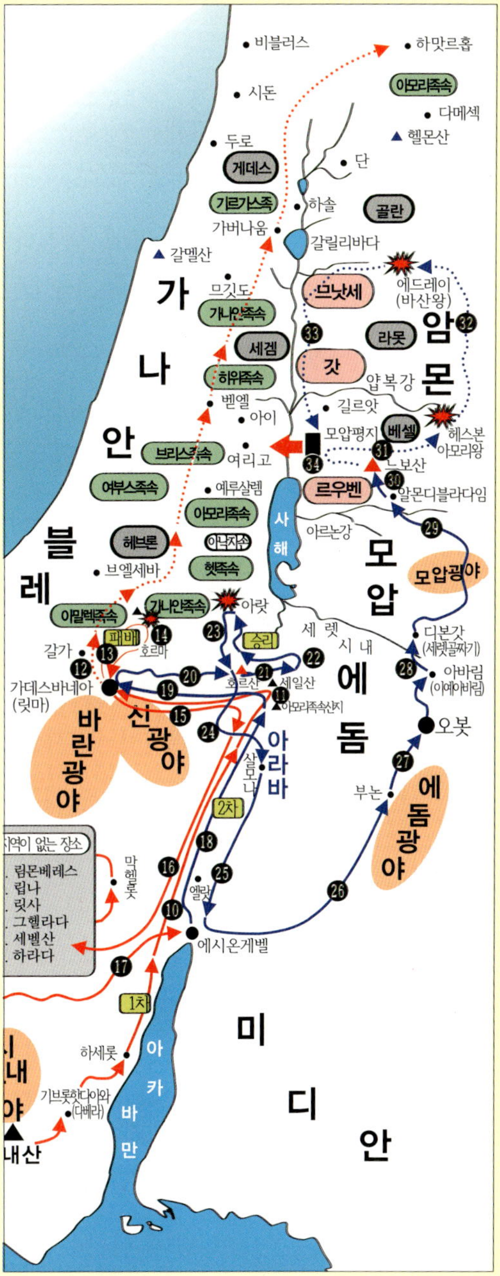

---

10) 서울에서 부산까지 K텍스 철도는 423.8km이며 일반 철도로 441.7km이다.

꾸레이야를 가데스로 보는 신 출애굽 루트 주장자들처럼 모세의 지시대로 12정탐꾼이 꾸레이야에서 편도 600km 이상의 거리를 17일 이상을 걸어 가나안 땅을 탐지하고 포도와 무화과 열매를 작대기에 꿰어 메고 또다시 꾸레이야로 걸어 내려온다면 총 1,200km 이상의 거리를 34일 이상 도보로 걸어야 하는 형편이다. 모세가 충분한 정탐 일수를 주었다고 하는 40일 만에 과연 꾸레이야로 돌아올 수 있을까? 이것 또한 불가능한 일이다. 다시 말해 12정탐꾼의 가나안 탐지 활동은 가나안 원주민과 군사의 강약과 다소 및 땅의 호불호(好不好), 성읍이 진영인지 산성인지의 여부, 토지의 상태, 수목의 유무에 대하여 상세히 탐지하게 하였다(민 13:17-20). 이로 보아 사우디아라비아의 꾸레이야가 가데스라는 것은 지리적 위치로나 과학적 증명으로도 맞지 않을 뿐더러, 더구나 성경에도 맞지 않는 일이다. 하지만 기존 출애굽 루트의 가데스 지역이, 성경은 '가나안 남방(극남단)의 가데스'라고 함으로써 확실히 증명해 주고 있다는 사실이다(민 34:3, 4).

2. 꾸레이야가 가데스 바네아라는 반증

신 출애굽 루트 주장자는 사우디아라비아의 라오즈 산 부근에 있는 꾸레이야가 가데스 바네아라고 주장하며, "가데스는 모세가 12정탐꾼을 가나안 땅에 탐지하려 보낸 장소이다"라고 말한다. 하지만 가데스라는 꾸레이야 지역은 성경에서 언급하는 가데스와는 지리적 위치가 전혀 다르다.

1) 이스라엘 백성이 두 차례 진입한 가데스

성경에 가데스는 가나안 극남단에 위치하는 곳이며 바란 광야와 신 광야가 맞닿는 지역이다. 이스라엘은 가데스를 두 차례 진입하였는데, 1차는 시내 산에서 신 광야로 진입하여 가데스와 바란 광야에 겹쳐 주둔하였고, 2차는 에시온 게벨에서 신 광야로 진입하여 가데스와 신 광야에 겹쳐 주둔하였다.

> "사십 일 동안에 땅을 탐지하기를 마치고 돌아와 바란 광야 가데스에 이르러…"(민 13:25, 26).
>
> "에시온 게벨에서 발행하여 신 광야 곧 가데스에 진쳤고"(민 33:36).
>
> "신을 지나 가데스 바네아 남방에 이르고…"(민 34:4).

1차 가데스 진입은 출애굽 초기로, 애굽 라암셋에서 그해 1월 15일에 출발하여(민 33:3) 시내 광야에 도착·체류·출발할 때까지 2년 2월 20일로, 출애굽한 지 1년 1개월 5일 만에(민 10:11, 12), 기브롯 핫다아와와 하세롯을 거쳐 바란 광야 가데스에 도착하였다. 그리고 출애굽 중기는 이스라엘이 광야생활 40년 가운데 37년 6개월을 주둔한 16곳의 지명만 기록되어 있을 뿐 그들의 장막 친 장소와 생활에 관하여는 성경에 빠져 있다. 주둔한 16곳의 지명은 림몬 베레스, 립나, 릿사, 그헬라다, 세벨 산, 하라다, 막헬롯(지명 포함), 다핫, 데라, 밋가, 하스모나, 모세롯, 브네야아간, 홀하깃갓, 욧바다, 아브로나 지역 등이다(민 33:19-34).

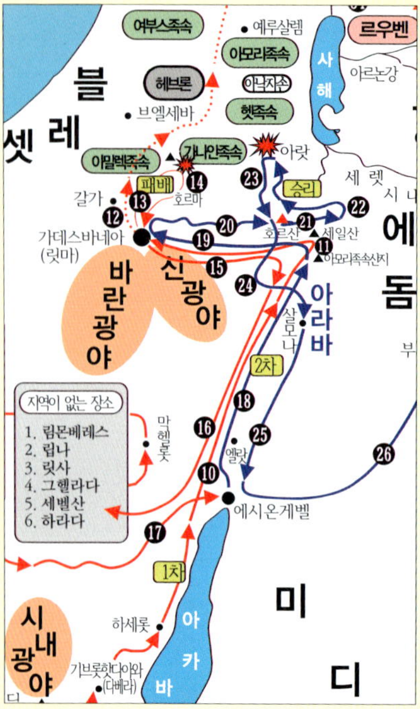

2차 가데스 진입은 출애굽 중기를 지나 에시온 게벨에서 신 광야를 거쳐 가데스에 도착했다. 또한 이스라엘은 에시온 게벨을 지나 신 광야 즈음에서 고라당의 제사장 직분의 월권행위로(민 16:1-33), 고라의 권속을 비롯해 유명한 족장 250명과(민 16:34, 35), 염병으로 14,700명이 죽고 말았다(민 16:41-50). 그리고 아론의 싹난 지팡이의 이적(민 17:1-13) 등 일련의 사건이 일어난 직후 가데스에 도착하였다.

2) 가나안 남방에 위치한 가데스

신 출애굽 루트 주장자는 가데스라는 꾸레이야가 사우디아라비아의 ⓑ아카바 만 홍해 앞 라오즈 산 부근에 위치한다고 한다. 하지만 민수기 34장 4절에 '신(신 광야)을 지나 가데스 남방에 이르렀다'고 하였다. '남방'이 어디냐에 따라 기존 출애굽 루트냐 또는 신 출애굽 루트냐가 구분된다 하겠다. 결론부터 말하면 '남방'은 지리적 위치로 볼 때 가나안의 남부 아래쪽을 가리키고 있다. 그것은 '가나안 땅 남방', '남방', '가데스 남방', '남방에 거하는 가나안 사람' 등 복합적으로 언급하고 있다(민 13:17, 33:40, 34:4). 그리고 여호수아 15장 1-4절은 가데스가 가나안 극남단(유다 극남단)에 속하였다고 말한다. 아래에서 '가나안 남방' 또는 '남방'의 지리적 위치가 어디인가를 살펴보고자 한다.

① 아브라함이 장막을 친 주거 경로의 추적

하나님의 부름을 받은 아브라함은 그의 부친과 갈대아 우르에서(창 11:31) 하란으로 이사하여 그곳에서 1년간 거주하다가(창 12:4) 가나안 땅에 이주하였다(창 12:5). 또한 가나안 경내에서 벧엘 동편 산 남쪽으로 이동하여(창 12:8) 점점 '남방'(가나안 남부지역)으로 옮겼다(창 12:9). 급기야 가나안 땅의 기근으로 애굽에 이주한(창 12:10) 아브라함은 아내를 누이로 속여 애굽 왕에게 아내를 잃을 뻔했다가 하나님의 은혜로 아내를 되찾아 애굽에서 다시 가나안으로 올라오게 되었다.

창세기 13장 1절에 "아브람이 애굽에서 나올새 그와 그 아내와 모든 소유며 롯도 함께하여 남방으로 올라가니"라고 하였다. 아브라함은 애굽에서 동북쪽 방향인 '남방으로 올라갔다'고 한다. 지리적으로 가나안 남방은 애굽의 동북쪽 방향이다. 이는 애굽에서 가나안을 가기 위해 지중해 연안을 따라 블레셋 땅이 있는 가나안 남방(남부)을 거쳐야 하는 지역임을 말해 준다. 그래서 아브라함은 가나안 남방에 위치하는 블레셋 영토인 '그랄'에 우거했다고 하였다(창 20:1, 2). 아브라함은 애굽에서 바로 왕에게 아내를 잃을 뻔했고, 블레셋의 그랄 지방에 와서도 아비멜렉 왕에게 또 아내를 잃을 뻔했다.

ⅰ. 아브라함은 남방에서 출발하여 '벧엘과 아이 사이 이전에 장막을 쳤던 곳으로 올라가다가,

“그가 남방에서부터 발행하여 벧엘에 이르며 벧엘과 아이 사이 전에 장막 쳤던 곳에 이르니”(창 13:3).

ii. 헤브론의 마므레 상수리 수풀에 도착하여 장기적으로 거주를 했는데,

“이에 아브람이 장막을 옮겨 헤브론에 있는 마므레 상수리 수풀에 이르러 거하며 거기서 여호와를 위하여 단을 쌓았더라”(창 13:18).

iii. 이곳에서 현현하신 하나님을 만났다.

“여호와께서 마므레 상수리 수풀 근처에서 아브라함에게 나타나시니라 오정 즈음에 그가 장막 문에 앉았다가”(창 18:1).

iv. 또다시 ‘남방’으로 이사하여 ‘가데스’와 술 사이 그랄에 장막을 쳤다. 이곳은 아브라함이 자기 아내 사라를 누이라 하여 아비멜렉 왕에게 그의 아내를 빼앗길 뻔했던 지역이다.

“아브라함이 거기서(헤브론의 마므레 상수리 수풀) 남방으로 이사하여 가데스와 술 사이 그랄(블레셋 영토)에 우거하며 그 아내 사라를 자기 누이라 하였으므로 그랄 왕 아비멜렉이 보내어 사라를 취하였더니”(창 20:1, 2).

주목할 것은, 위의 구절에서 아브라함은 '가데스와 술 사이 그랄에 우거하였다'고 하였는데, '가데스'와 '술'과 '그랄' 지역이 모두 '남방'에 속한 지역이다. 그것은 "남방으로 이사하여"라는 말씀에서 알 수 있다.

남방은 가나안 남방으로서 가데스가 가나안 남방에 있다는 것을 의미한다. 그리고 가데스 지역을 가나안 극남단이라고도 한다(수 15:1-4).

신 출애굽 루트의 주장자대로라면 '아브라함이 거기서 남방으로 이사하여 가데스와 술 사이 그랄에 우거했다'가 아니라 '아브라함이 거기서 미디안(현 사우디아라비아)으로 이사하여 가데스(꾸레이야)와 술 사이 그랄에 우거했다'고 해야 한다.

이와 같은 주장은 이슬람교의 경전인 쿠란에서 언급한다. 무함마

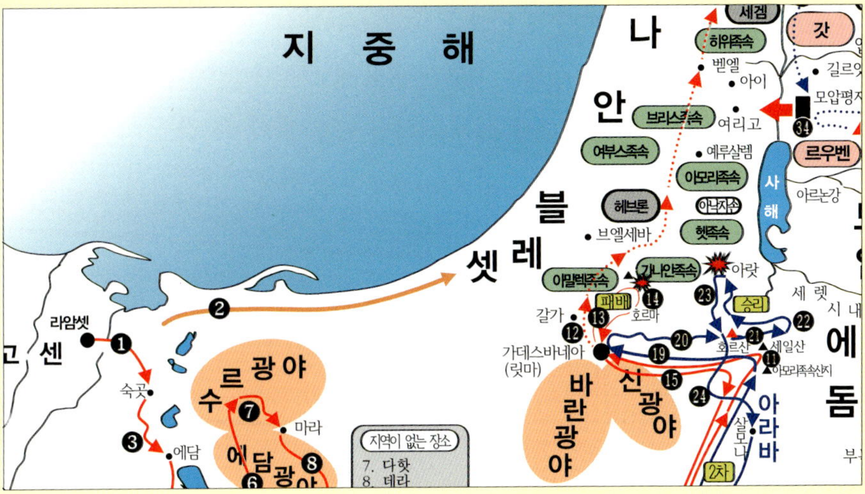

드는 자기 고향인 사우디아라비아 메카를 아브라함과 연계시켜 이슬람교의 제1성지로 삼았다. 쿠란은 사우디아라비아의 메카 부근 마르와 동산이 아브라함이 제물을 바친 모리아 산이라고 한다. 그것은 이스마엘이 어린 시절을 마르와 동산에서 보냈고, 그곳에서 이스마엘을 제물로 바쳤다고 한다. 사파트 제37장 100-107절을 보면, 아브라함의 기도로 인해 장자 이스마엘의 출생과 모리아 산의 제단에 바쳐진 이스마엘의 희생제물, 그리고 이스마엘 대신 천국에 예비된 한 마리의 어린 양으로 대속했다고 언급한다. 사파트 제37장 103절에 "그 둘이서 하나님께 순종하고 그는[11] 그로[12] 하여금 그의 이마를 숙이도록 했을 때[13]"라고 하였다. 쿠란은 메카 부근 마르와 동산이 모리아 산이라고 주석한다. 그렇다면 마르와 동산이 모리아 산인지를 살펴보자. 위에서 아브라함의 이주 경로를 살펴본 바, 아브라함은 모리아 산에서 이삭을 번제물로 바치기 전에 브엘세바에 거주하고 있었음을 알 수 있다. 다시 말해 브엘세바에 거주한 아브라함은(창 21:31, 33, 34), 제3일 모리아 산에 도착했다가(창 22:1-18) 다시 브엘세바로 돌아왔다(창 22:19). 성경은 브엘세바가 헤브론 남방 약 20km 지점의 옛 도시로 블레셋 경내에 속한 가나안 남부에 위치한다고 말한다. 브엘세바의 지명은, 블레셋 왕 아비멜렉의 족속이 아브라함의 우물을 늑

11) 아브라함
12) 이스마엘
13) "…이스마엘은 아브라함의 나이 86세에 태어났으므로 이스마엘은 이삭보다 14살이나 위였다. 이 14년 동안에는 이스마엘이 아브라함의 독자였다. 구약성서 22장 2절에서도 말하고 있듯이 그분께서 말씀하사 그대가 가장 사랑하는 독자를 데리고 모리아 땅으로 데리고 가서 제단에 올려라"라고 되어 있는 것으로 보아서도 이삭이 아니라 이스마엘임을 알 수 있다(생략). 또한 '모리아' 땅은 예루살렘에 있는 언덕이라고 후에 이야기하고 있으나 '모리아'는 이스마엘이 어린 시절을 보낸 메카에 있는 '마르와' 동산임이 밝혀졌다.

탈한 일에 대하여 재발 방지를 막기 위해 아브라함이 우물을 판 증거로 두 사람이 그곳을 이름 하였던 장소이다. 그 후로 아브라함은 브엘세바에 머물러 있었다.

사파트 제37장 102절에 "아들의 나이가 그와 함께 일할 나이에 이르렀을 때 그가 말하길 내 아들아 너를 제단에 올리라는 명령을 내가 꿈에서[14] 보았노라"고 하였다. 아랍 학자들은 모리아 산이 '메카에서 북쪽으로 6마일(9.6km) 떨어진 거리'에 있는 마르와 동산이라고 주석을 달았다. 성경은 모리아 산이 3일 길이라고 하는 반면에 쿠란은 모리아 산이 9.6km라고 함으로써 3시간 정도의 거리라고 한다. 만약 마르와 동산이 모리아 산이라고 한다면, 아브라함이 거주한 가나안 남부 브엘세바에서 남동쪽에 위치한 아라비아 메카의 마르와 동산까지 직선거리 약 1,250km가 되는 거리를 과연 3일 만에 도착할 수 있을까? 그런데 가나안 남부 브엘세바에서 아라비아의 메카 근처 마르와 동산까지 3일 길은 불가능하다.

또한 아브라함이 거주한 가나안 남부 브엘세바가 메카라 할지라도 9.6km, 즉 3시간 정도 떨어진 마르와 동산의 거리와 성경에 '3일 길'의 거리와는 맞지 않을 뿐더러, 더구나 가나안 남부 브엘세바에서 마르와 동산까지의 직선거리 1,250km 정도가 되는 거리와 '3일 길'의 거리와는 엄청 차이가 난다. 아브라함이 살던 지역은 성경에 브엘세바라 하며, 쿠란은 메카라 함으로써 장소가 전혀 다르다. 성경은 아브라함

14) 메카 또는 메카 근처에서 꿈을 꾸었다고 한다. 한편 일부 해설가들은 "메카에서 북쪽으로 6마일 정도 떨어져 있고"라고 하였다.

이 가나안 남부 브엘세바에서 모리아 땅까지 제3일에 도착했다고 한다(창 22:2-4). 사실 브엘세바에서 모리아 산(예루살렘)까지의 거리가 직선거리로 85km 정도이다. 어른이 해거름에 약 35km를 걸을 때 브엘세바에서 모리아 산(예루살렘)까지는 3일 길이 가능하다 하겠다.

게다가 아브라함의 가솔은 무려 1,000명 정도로 추정할 수 있다. 그것은 조카 롯이 잡혀간 북메소보타미아의 연합군을 "집에서 길리고 연습시킨 칼 쓰는 자 318명"(창 14:14-16)을 데리고 추격하였다는 것을 보면, 그들의 직계 가족들(아이, 부녀자, 노약자)을 합할 때 적게는 800명, 많게는 1,000명으로 볼 수 있다. 따라서 구십이 넘은 아브라함이 노구(老軀)를 이끌고 대가솔과 함께 브엘세바에서 남동쪽으로 광야를 번갈아가며 약 1,250km가 되는 아라비아의 메카 정착을 위해 대장정을 한다는 것은 아브라함의 나이에 무리이다. 무엇보다 아브라함은 하나님의 언약의 장소인 가나안을 떠나지 않고 지켜야 했다. 그것은 훗날 모리아 산(예루살렘)이 구속사로 귀결되는 역사의 현장이기 때문이다.

만일 사우디아라비아의 라오즈 산 부근에 꾸레이야가 가데스라면, 아브라함이 남방에 있는 가데스, 즉 꾸레이야(미디안)를 세 차례 경유하고 거주해야 한다(창 12:9, 13:1, 13:3, 20:1). 더구나 아브라함이 애굽에서 나올 때 가나안을 향해 "남방으로 올라가니"(창 13:1)가 아니라 남쪽 방향 ⓑ아카바 만 홍해에 위치한 사우디아라비아의 꾸레이야를 향해 '남방으로 내려가니'라고 기록되어야 할 것이다. 혹 남방으로 내려간들 그 길은 가나안으로 가는 방향도 아니다.

아브라함이 가데스와 술 사이 '그랄'에 우거하였는데 '그랄'은 블레셋의 영토이다. 신 출애굽 루트 주장자에 의하면 블레셋 영토는 가나안 남부 지중해 연안이 아니라 에돔 땅 남쪽 아라바와 ⓑ아카바 만 홍해 끝자락인 에시온 게벨 사이에 블레셋 영토인 '그랄'이 있어야 한다. 이것 역시 지리적으로 블레셋의 위치와 맞지 않다.

또한 아브라함이 애굽에서 꾸레이야(미디안)로 가려면 현 시나이 반도의 광야 길과 ⓑ아카바 만 홍해를 우회하여 남쪽으로 사우디아

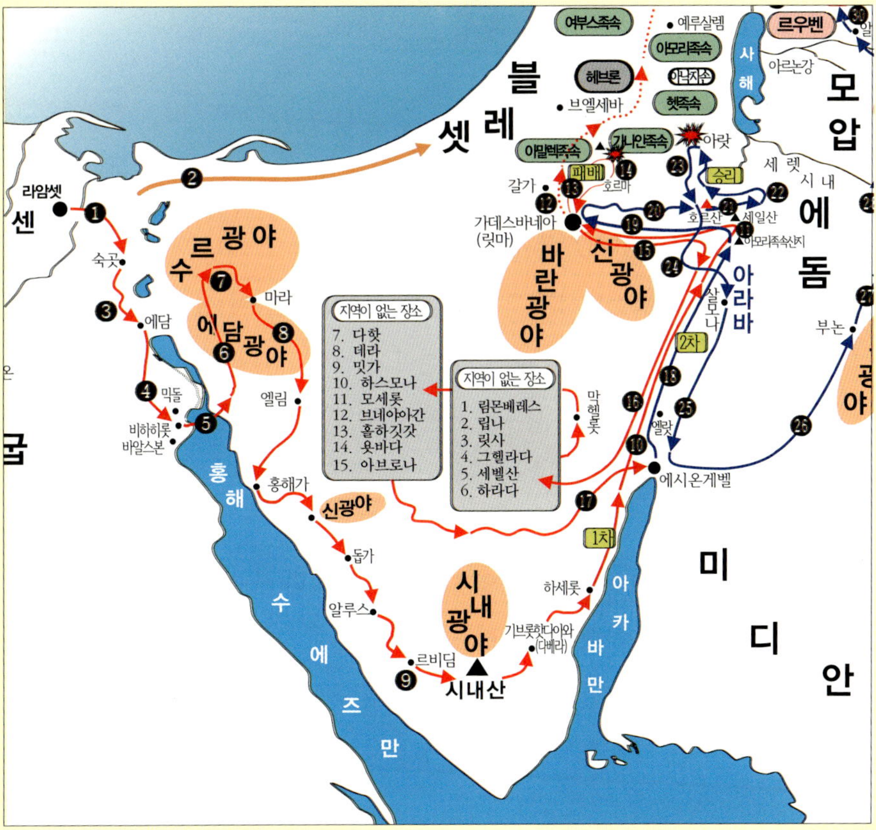

라비아의 광야를 지나 꾸레이야까지 도보 거리 약 600km를 걸어야 한다. 그렇다면 성경의 '남방으로 올라간다'는 것과 사우디아라비아의 꾸레이야로 '내려가야 한다'는 것은 상반된 글귀로 문법적으로나 지리적 위치로도 맞지 않다. 정리하면 아브라함은 가나안에서 애굽에 내려갔다가 다시 가나안에 올라와 주로 가나안 남방(극남단) 지역인 가데스에서 가까운 그랄과 헤브론 등에 거주하였을 뿐이지 그가 미디안 땅(현 사우디아라비아)에 거주한 일이 없었다. 위에서 언급한 바와 같이, 아브라함의 추적 경로를 보더라도 가데스는 가나안 남방(극남단)에 속했음이 확실하다.

② 가나안을 탐지한 12정탐꾼의 첫 행로지

모세는 가데스에서 12정탐꾼을 파견할 때 가나안 땅에 들어가는 첫 행로지의 지시가 "너희는 남방 길로 행하여 산지로 올라가서"(민 13:17)라고 한다. 이스라엘 백성이 주둔한 가데스에서 가나안에 들어갈 때 '남방 길로 행하라'고 하였다. 이는 가나안 남부 지역을 말한다. 이로 보아 가데스는 가나안 남방에 속한 것이 확연히 드러난다.

"모세가 가나안 땅을 탐지하러 그들을 보내며 이르되 너희는 남방 길로 행하여 산지로 올라가서"(민 13:17).

"이에 그들이 올라가서 땅을 탐지하되 신 광야에서부터 하맛 어귀 르홉에 이르렀고 또 남방으로 올라가서 헤브론에 이르렀으니"(민 13:21, 22).

③ 남방은 이스라엘 백성과 아랏과의 전투 지역

이스라엘은 가데스를 두 차례 진입하였는 바, 1차는 시내 산에서 아모리 족속 산지와 세일 산을 거친 후 신 광야를 지나 가데스와 겹쳐 있는 바란 광야 남쪽 대열로 주둔하였고(민 12:16, 13:3, 25, 26), 2차는 에시온 게벨에서 신 광야에 진입하여 가데스와 겹친 신 광야 동쪽 대열로 주둔하였다(민 33:36). 이스라엘은 2차 가데스에 도착하여 그곳에서 모세의 누이 미리암이 죽었고(민 20:1), 지팡이로 반석을 쳐서 생수를 내기도 하였다(민 20:11). 2차는 가데스에서 모압 평지로 진입하기 위해 에돔 족속의 경내를 통과해야만 했었다(민 20:16-18). 그러나 에돔 왕에게 거부당한 백성이 되돌아오다가 남방에 거하는 가나안 사람 아랏 왕이 이스라엘을 쳐서 몇 사람을 사로잡았다. 이로써 이스라엘은 가나안 사람들과의 전투로 아랏 성읍을 멸망시켰다.

"남방에 거하는 가나안 사람 곧 아랏의 왕이 이스라엘이 아다림 길로 온다 함을 듣고 이스라엘을 쳐서 그중 몇 사람을 사로잡은지라"(민 21:1).

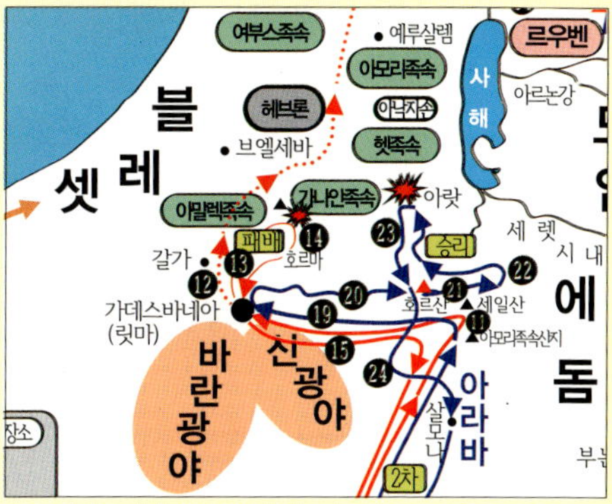

"가나안 땅 남방에 거한 가나안 사람 아랏 왕이 이스라엘의 옴을 들었더라"(민 33:40).

"남방에 거하는 가나안 사람" 또 "가나안 땅 남방에 거한 가나안 사람"이라는 두 구절에서 보듯이, '남방'이 가나안 사람이 사는 가나안 남부 지역임을 알 수 있다. 그렇다면 남방이라 하면 가나안 남부에서 극남단에 위치한 가데스까지로 볼 수 있겠다. 아래에서 이스라엘의 가나안 남부 경계를 보면 확실히 나타난다.

④ 가나안 정복 이후의 가나안 남방 경계

하나님은 모세에게 가나안 정복 이전 가나안의 사방 지경을 정해 주셨는데, 남방 경계에 대하여 자세히 설명하셨다(민 34:1-5). 가나안 남방은 민수기 34장 3, 4절에 잘 나타나 있다. 아래의 구절들을 분류해서 보려고 한다.

"여호와께서 모세에게 일러 가라사대 너는 이스라엘 자손에게 명하여 그들에게 이르라 너희가 가나안 땅에 들어가는 때에 그 땅은 너희의 기업이 되리니 곧 가나안 사방 지경이라 너희 남방은

i. 에돔 곁에 접근한 신 광야니
ii. 너희 남편 경계는 동편으로 염해(사해) 끝에서 시작하여
iii. 돌아서 아그랍빔 언덕 남편에 이르고
iv. 신(신광야)을 지나
v. 가데스 바네아 남방에 이르고
vi. 또 하살아달을 지나 아스몬에 이르고"라고 하였다(민 34:1-4).

여기서 가나안의 남방 경계는 가데스 바네아까지 포함하고 있다.

성경에서 말하는 가데스 바네아는 가나안 땅이라는 것이다. 그러면 가데스 바네아의 위치가 어디쯤인가를 대략 짐작할 수 있다. 만약 사우디아라비아의 꾸레이야가 가데스 바네아라고 한다면, 이스라엘의 가나안 남방 경계가 사우디아라비아의 꾸레이야뿐 아니라 시내산이라는 라오즈 산까지 가나안 땅의 범위가 될 것이다. 꾸레이야를 가나안 땅에 편입 확장한다면 가나안 지경의 지도가 어떻게 되겠는지 상상해 보라.

가데스라는 꾸레이야가 가나안 경계 안에 포함되어 있다면, 애굽에서 미디안(아라비아)에 도피한 모세는 미디안(아라비아)에 있는 것이 아니라 가나안 땅에 머물고 있는 것이 된다. 사실 꾸레이야는 가나안 남방에 위치한 가데스에서 남동쪽으로 약 230km나 떨어진 지역이다. 그리고 꾸레이야가 가데스였다고 한다면, 지리적으로 가나안 남방이라기보다 미디안(사우디아라비아)이라고 성경에 기록하였을 것이다.

신 출애굽 루트 주장자의 《떨기나무 2》에서는 라오즈 산 부근에 있던 가데스 바네아라는 꾸레이야에서 약 130km 정도 북쪽으로 가데스를 이동시켜 놓았다. 그렇다 할지라도 이전 장소와는 크게 다를 바가 없다. 그것은 기존 출애굽 루트의 가데스와는 지리적 위치가 전혀 다르기 때문이다. 이 같은 가데스 위치 변경은 이미 독자들에게 신뢰성을 잃어버린 행위에 불과하다. 결론은 가데스 바네아가 가나안 남부 극남단에 위치하고 있음을 성경은 말한다. 아래 ⑤에서 유다 남방 경계를 보자.

⑤ 가나안 정복 이후의 유다 남방 경계

여호수아가 가나안을 정복하고 유다 지파에게 땅의 기업을 분배해 준 남쪽 경계는 하나님이 모세에게 일러준 땅의 경계와 동일하다. 위의 ④에 가나안 남방 경계와 동일함을 알 수 있다. 그러나 유다 남방 경계는 가나안 남방 경계보다 지역들을 상세히 설명하고 있다. '가데스 바네아'는 가나안 남쪽 경계와 유다 남쪽 경계로 똑같이 기록되어 있다. 이로 보아 가데스 바네아는 가나안 남부, 즉 유다 남쪽에 있음이 명확해졌다.

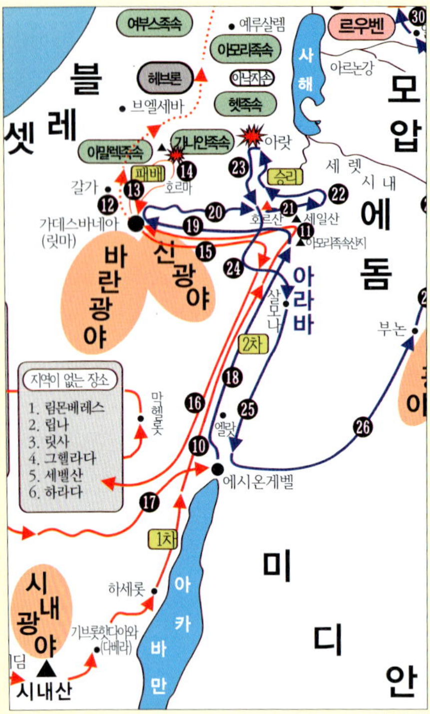

"유다 자손의 지파가 그 가족대로 제비 뽑은 땅의 극남단은 에돔 지경에 이르고 또 남으로 신 광야까지라 그 남편 경계는 염해의 극단 곧 남향한 해만에서부터 아그랍빔 비탈 남편으로 지나 신에 이르고 가데스 바네아 남편으로 올라가서 헤스론을 지나며 아달로 올라가서 돌이켜 갈가에 이르고 거기서 아스몬에 이르고 애굽 시내에 미치며 바다에 이르러 경계의 끝이 되나니 이것이 너희 남편 경계가 되리라"(수 15:1-4).

3) 호렙 산에서 가데스 바네아까지의 열하룻길

여기서는 호렙 산에서 가데스까지의 열하룻길인 1차 가데스 경로를 살펴보고, 이어 2차 가데스 경로를 살펴보려고 한다. 앞에서 가데스를 언급하여 중첩되는 부분이 있겠으나 경로를 상세히 살펴봄으로써 가데스의 위치를 확실히 해두고자 한다.

① 1차 가데스에 도착한 출애굽 경로

신명기 1장과 2장은 가데스의 경로에 대한 장이다. 신명기 1장은 출애굽 초기로 이스라엘이 호렙 산(시내 산)에서 11개월 5일을 머물렀다가 1차 가데스에 북상한 경로이며, 신명기 2장은 출애굽 중기 37년 6개월이 지난 출애굽 말기로 이스라엘이 에시온 게벨에서 2차 가데스에 도착하여 주둔한 경로이다. 먼저 1차 가데스 바네아까지의 경로이다.

"호렙 산에서 세일 산을 지나 가데스 바네아에까지 열하룻길이었더라"(신 1:2).

호렙 산에서 가데스까지가 열하룻길이라고 하였다. 여기서 '호렙 산(시내 산)'과 '세일 산'과 '가데스 바네아', 그리고 '열하룻길'이라는 그 위치와 거리와 일수(日數)에 대하여 지리적 위치가 어디며, 왜 열하룻길인가를 궁금하게 여기지 않을 수 없다. 그래서 '호렙 산(시내 산)과

'세일 산'과 '가데스 바네아'와 '열하룻길'을 자세히 살펴보자.

ⅰ. 호렙 산에서 가데스 바네아의 경로와 가나안 주변

신명기 1장 6-18절은 하나님께서 호렙 산(시내 산)에서 주신 규례로 모세가 재설명을 하고 있다. 하나님은 모세에게 이스라엘이 호렙 산에서 떠날 것을 지시하셨다.

> "우리 하나님 여호와께서 호렙 산에서 우리에게 말씀하여 이르시기를 너희가 이 산에 거한 지 오래니 방향을 돌려 진행하여 아모리 족속의 산지로 가고 그 근지 곳곳으로 가고 아라바와 산지와 평지와 남방과 해변과 가나안 족속의 땅과 레바논과 큰 강 유브라데까지 가라 하셨나니"(신 1:6, 7).

위의 구절을 분해하면 "이 산에 거한 지 오래니"란 호렙 산에 머문 지 11개월 5일을 말하며, "방향을 돌려 진행하여"란 출애굽한 이스라엘이 "시내 광야에 이르러 그 광야에 장막을 치되 산 앞에 장막"(출 19:2)을 친, 즉 시내 산을 향해 장막을 친 그들이 등진 북쪽 가나안 '방향으로 돌려 진행하라'는 것이다. 그리고 "아모리 족속의 산지로 가고 그 근지 곳곳으로 가고"란 이스라엘이 아모리 족속의 산지가 있는 곳과 그곳 근처의 여러 곳을 들르게 하였음을 알 수 있다. 이어서 "아라바"는 호렙 산(시내 산)에서 가나안으로 북상하는 길목이며, "남방"은 가나안 남부를, "해변"은 사해 남쪽 바닷가를, "가나안 족속의 땅"은 이스라엘의 약속의 땅 가나안을, "레바논과 큰 강 유브라데"는 가나안 북부를 지나야 하는 지역들이다. 이 모든 지역은 시내 산을 마주보던 이스라엘이 등지고 있는, 즉 가나안을 향해 북상할 때 마주치는 지역들이다. 여기 언급된 지역들은 가나안 땅을 중심한 남부와 북부에 위치한다.

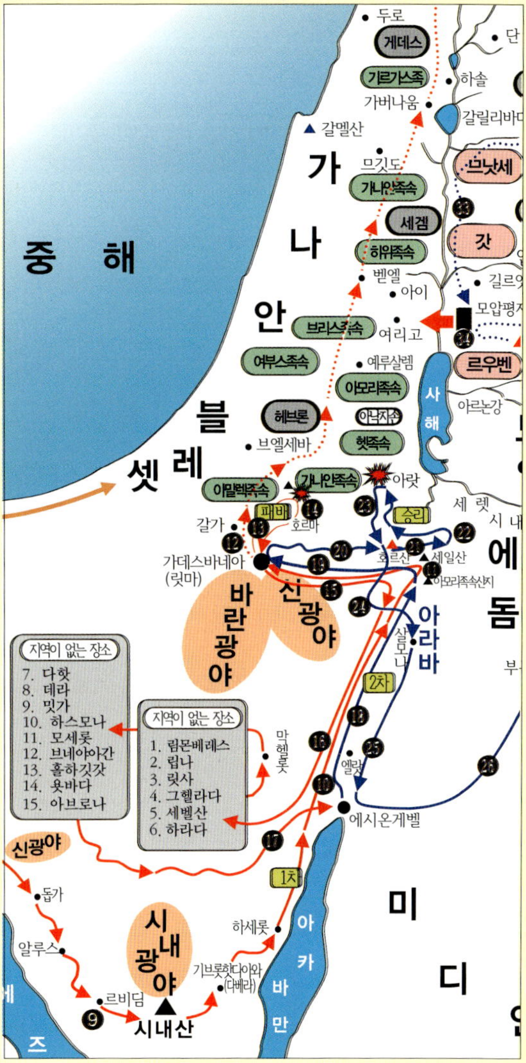

다시 신명기 1장 2절에 "호렙 산에서 세일 산을 지나 가데스 바네아에까지"의 본 절에서 모세가 아모리 족속의 산지를 빼고 신명기 초두에 세일 산을 언급한 것은, 세일과 세일 산이 야곱의 형 에서의 영토로서(창 32:3, 36:8), 후일까지 에돔(에서의 별명) 족속의 영토로 저자가 의도적으로 세일 산을 드러낸 것이다. 실은 이스라엘이 아모리 족속의 산지를 두루 행한 후에 세일 산을 경유해서 가데스에 갔기 때문이다. 세일 산과 아모리 족속 산지에 대하여 아래 ii에서 자세히 설명하겠다. 왜냐하면 호렙 산에서 가데스까지 열하룻길의 문제를 푸는 열쇠가 되기 때문이다.

ii. '아모리 족속 산지'의 지리적 위치와 가데스의 거리

신명기 1장 19-20절은 호렙 산에서 가데스 바네아까지의 경로에 대하여 보충 설명을 더하고 있다.

> "우리 하나님 여호와께서 우리에게 명하신 대로 우리가 호렙 산에서 발행하여 너희의 본 바 크고 두려운 광야를 지나 아모리 족속의 산지 길로 가데스 바네아에 이른 때에 내가 너희에게 이르기를 우리 하나님 여호와께서 우리에게 주신 아모리 족속의 산지에 너희가 이르렀나니"(신 1:19, 20).

보충 설명을 보면, 호렙 산에서 "크고 두려운 광야"(현 시나이 반도)에 대하여는 구체적으로 신명기 2장 7절에서 "큰 광야에 두루 행함을 알고 네 하나님 여호와가 이 사십 년 동안을 너와 함께하였음"을 말한다. 그리고 광야를 지나 "아모리 족속의 산지 길"로 가데스에 도착하였다고 한다. 그렇다면 호렙 산에서 출발하여 가데스에 도착할 때까지 중간 경유지가 신명기 1장 2절에는 '세일 산'이라 하였고, 신명기 1장 19절에는 '아모리 족속의 산지'라고 하였다. 세일 산은 에돔(에서) 족속의 영토며 아모리 족속의 산지는 아모리 족속의 영토로 두 곳 모두가 산이라 한다. 이로 보아 에돔 족속과 아모리 족속과는 두 산을 경계로 인접한 지역임이 틀림없다 하겠다.

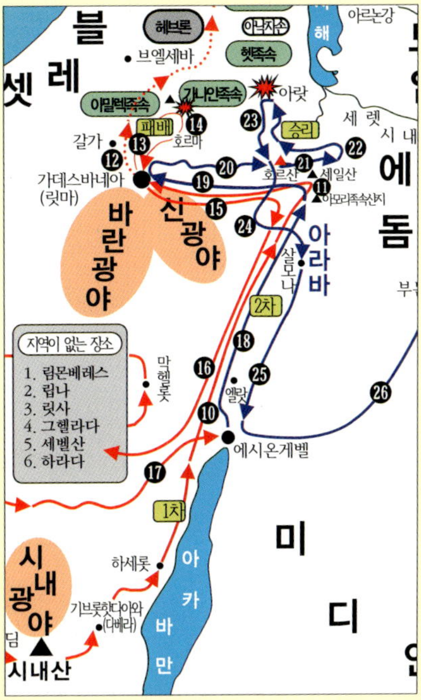

다시 신명기 1장 19절을 보면, 이스라엘이 가데스에 진입하기 전 아모리 족속의 산지를 경유하였음을 알 수 있다. 그렇다고 가데스보다 아모리 족속의 산지가 남쪽에 위치한다는 것은 아니다. 그것은 가데스에 도착하기까지 출애굽 경로의 순서를 말함인데, 지리적으로는 아모리 족속의 산지가 가데스 동쪽에 위치함으로써 이스라엘이 아모리 산지를 경유해서 가데스에 진입했기 때문이다. 게다가 아모리 족속의 산지가 에돔 족속의 세일 산과 인접한 곳에 있었음을 알 수 있다.

> "그 산지에 거하는 아모리 족속이 너희를 마주 나와서 벌떼 같이 너희를 쫓아 세일 산에서 쳐서 호르마까지 미친지라"(신 1:44).

이제 "호렙 산에서 세일 산을 지나 가데스 바네아에까지 열하룻길"의 거리를 살펴보자. 여기서 "세일 산을 지나"란 아모리 족속 산지에서 두루 행한 후에 세일 산은 거쳐 갔다는 것을 염두에 두자. 거리를 보면 호렙 산에서 가데스 바네아까지 직선거리는 약 260km가 된다. 하루 해거름으로 35km를 걷는다고 할 때 8-9일 정도면 도보로 갈 수 있는 거리이다. 하지만 이스라엘은 세일 산(아모리 족속의 산지)을 경유해서 가데스에 도착하였다고 한다. 호렙 산에서 세일 산(아모리 족속의 산지) 경유지를 포함해서 가데스 바네아까지의 꺾인 직각(ㄱ)거리는 약 303km이다. 이는 호렙 산에서 에돔 족속의 세일 산(아모리 족속의 산지)까지 약 250km이며, 세일 산에서 서쪽 가데스까지 약 53km가 된다. 숫자 7의 형태로 남쪽 호렙 산에서 꼭짓점인 북동쪽 세일 산을 경유하여 서쪽 방향 가나안 남부 극남단에 위치하는 가데스까지이다. 전체 도보 거리는 약 380km가 된다 하겠다. 도보 거리 약 380km를 하루 해거름으로 35km로 걷는다면 약 11일이 걸리는 길이다. 그렇다면 호렙 산에서 세일 산(아모리 족속의 산지)을 경유하여 가데스 바네아까지 11일이라는 날 수가 정확해진다.

"호렙 산에서 세일 산을 지나 가데스 바네아에까지 열하룻길이었더라"(신 1:2).

또한 아래의 구절들은 2차 가데스에 도착한 경로로 아모리 족속 산지와 세일 산이 제외된 신 광야를 이어 가데스가 언급되어 있다. 이는 출애굽 경로가 에시온 게벨에서 아모리 족속의 산지(세일 산)를 경유하여 신 광야를 지나 가데스에 도착함을 말한다. 가데스는 신 광야와 맞닿아 있는 지역이다. 이스라엘을 200만 명으로 추정할 때 가데스와 맞닿아 있는 신 광야에 걸쳐 장막을 쳤을 것으로 본다.

"정월에 이스라엘 자손 곧 온 회중이 신 광야에 이르러서 백성이 가데스에 거하더니 미리암이 거기서 죽으매 거기 장사하

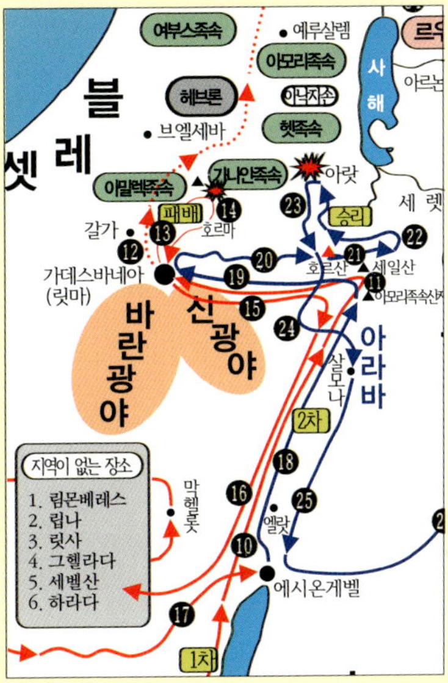

니라"(민 20:1).

"이는 신 광야에서 회중이 분쟁할제 너희가 내 명을 거역하고 그 물가에서 나의 거룩함을 그들의 목전에 나타내지 아니하였음이니라 이 물은 신 광야 가데스의 므리바 물이니라"(민 27:14).

"에시온 게벨에서 발행하여 신 광야 곧 가데스에 진쳤고"(민 33:36).

"이는 너희가 신 광야 가데스의 므리바 물가에서 이스라엘 자손 중 내게 범죄하여 나의 거룩함을 이스라엘 자손 중에서 나타내지 아니한 연고라"(신 32:51).

위의 구절들로 인해 지리적 위치를 볼 때 가데스 바네아는 가나안 남부 극남단에 위치한 것이 확실하다. 게다가 시내 산과 가나안 남부 극남단에 위치한 가데스 바네아가 기존 출애굽 루트로 자연스럽게 드러난다 하겠다.

iii. 1차 가데스에 도착한 이스라엘이 두 족속에게 공격당한 위치

가데스에 도착한 이스라엘이 아말렉과 가나안 족속에게 공격당한 지역을 살펴보자. 결론부터 말하면, 아말렉과 가나안 족속은 지리적으로 가나안 남부 지역에 위치하고 있다. 두 족속의 공격은 가데스에서 12정탐꾼의 가나안 탐지와 보고로 인해 원성과 불평을 쏟아

냈던 이스라엘이 광야 40년이라는 하나님의 징계를 받은 후, 모세의 만류에도 불구하고 일부 백성이 가나안을 향해 가나안 족속의 산지로 올라갔을 때, 가나안 족속과 아모리 족속이 연합해서 이스라엘을 공격하여 호르마까지 이르렀던 사건이다.

> "아말렉 인과 산지에 거하는 가나안 인이 내려와 쳐서 파하고 호르마까지 이르렀더라"(민 14:45).

하나님을 신뢰하지 못한 이스라엘이 아말렉과 가나안 족속에게 패할 것을 사전에 아신 하나님은 내일 홍해 길(아카바 만 홍해 방향 길)로 하여 광야(현 시나이 반도의 광야 40년 생활)로 들어갈 것을 지시하셨다. 그럼에도 불구하고 이스라엘의 일부 백성이 가나안을 향해 산지로 올라가다가 두 족속에게 공격을 당했던 것이다. 이스라엘이 두 족속에게 공격당한 지역이 가나안 남부 지역이다.

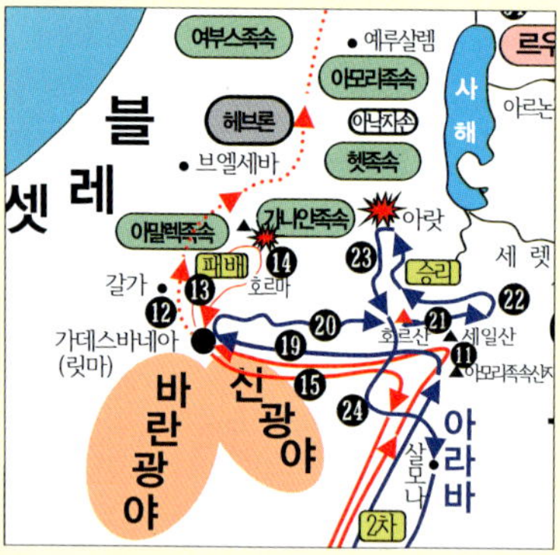

> "아말렉 인과 가나안 인이 골짜기에 거하나니 너희는 내일 돌이켜 홍해 길로 하여 광야로 들어갈지니라"(민 14:25).

iv. 2차 가데스에 도착한 이스라엘이 아랏 왕과의 전투에서 승리한 위치

민수기 14장과 21장을 구분해서 보아야 한다. 민수기 14장은 위와 같이 1차 가데스에 도착하여 12정탐꾼의 가나안 탐지와 보고로 불평했던 이스라엘이 광야 40년이라는 하나님의 징계를 받은 후 일부 백성이 가데스에서 가나안으로 북상하려다가 가나안 남부의 두 족속에게 공격당한 사건이었는가 하면, 민수기 21장은 출애굽 중기 광야 37년 6개월을 마치고 출애굽 말기 2차 가데스로 진입했을 때 가나안 남부에 거하는 가나안 족속 아랏 왕과의 전쟁에서 이스라엘이 승리를 거둔 사건이다. 이스라엘이 전쟁을 치른 지리적 위치는, 가나안 남부 1차 전쟁에 패배한 장소와 가까운 지역으로 가나안 남부 지역임에 틀림없는 사실이다.

2차 가데스에 도착한 이스라엘이 모압으로 진입하려고 가나안 남부 사해 바다 아래의 에돔 국경을 통과하려 하였으나, 에돔 왕의 거부로 이스라엘이 되돌아 나올 때 일어난 전쟁이다. 이때는 1차 가데스에서 가나안 남부에 위치한 아말렉과 가나안 족속에게 공격당한 것과는 달리, 가나안 족속과만 전쟁을 치렀는데 가나안 족속이 이전 1차 시에 이스라엘과 전쟁에 승리한 경

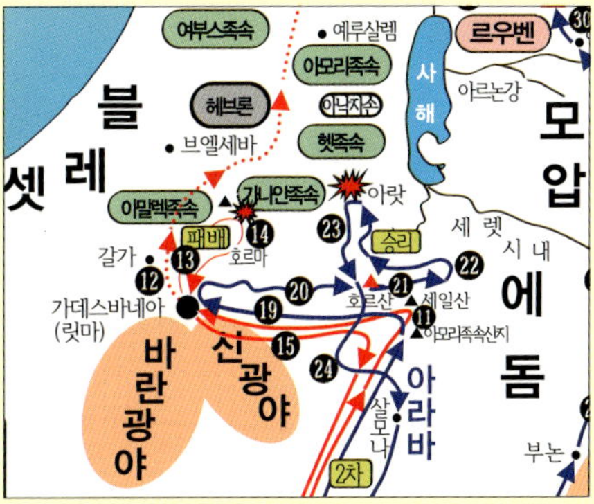

험을 되살려 공격하였으나 2차 시에는 가나안 족속이 완전히 패하고 말았다.

"남방에 거하는 가나안 사람 곧 아랏의 왕이 이스라엘이 아다림 길로 온다 함을 듣고 이스라엘을 쳐서 그중 몇 사람을 사로잡은지라 이스라엘이 여호와께 서원하여 가로되 주께서 만일 이 백성을 내 손에 붙이시면 내가 그들의 성읍을 다 멸하리이다 여호와께서 이스라엘의 소리를 들으시고 가나안 사람을 붙이시매 그들과 그 성읍을 다 멸하니라"(민 21:1-3).

"남방에 거하는 가나안 사람 곧 아랏의 왕"과 "가나안 사람을 붙이시매" 등을 보아도 가데스가 가나안 남부에 거주한 가나안 족속과 싸운 가까운 지역으로 가나안 극남단에 속해 있음은 부인할 수 없는 사실이다.

v. 아모리 족속의 산지와 세일 산과의 인접한 위치

세일(세일 산)은 에돔 족속의 영토로 사해 바다 아래 남동쪽에 위치하고 있다. 아모리 족속의 산지와 세일 산과는 아주 인접한 거리임에 틀림없다.

"이에 에서 곧 에돔이 세일 산에 거하니라"(창 36:8).

"그 산지에 거하는 아모리 족속이 너희를 마주 나와서 벌떼같이 너희를 쫓아 세일 산에서 쳐서 호르마까지 미친지라"(신 1:44).

"너는 또 백성에게 명하여 이르기를 너희는 세일에 거하는 너희 동족 에서의 자손의 지경으로 지날진대 그들이 너희를 두려워하리니 너희는 깊이 스스로 삼가고 그들과 다투지 말라 그들의 땅은 한 발자국도 너희에게 주지 아니하리니 이는 내가 세일 산을 에서에게 기업으로 주었음이로라"(신 2:4, 5).

그렇다. 위의 구절들을 종합하면, 아모리 족속의 산지와 세일 산은 인접한 가나안 남부 지역임을 알 수 있다. 그리고 이스라엘이 주둔한 가데스 바네아도 에돔 지경의 세일 산 서쪽 가까운 가나안 남부 극남단에 위치하고 있음을 성경은 밝히고 있다. 앞에서 이미 언급했지만, 다시 한 번 유다 자손의 가나안 남부지역 극남단까지 경계 지역을 보자. 유다 남편 경계가 신 광야까지로 신 광야와 가데스는 맞닿아 있는 지역이다. 가데스는 가나안 남부 극남단에 위치하고 있음을 성경은 명백하게 말한다.

"유다 자손의 지파가 그 가족대로 제비 뽑은 땅의 극남단은 에돔 지경에 이르고 또 남으로 신 광야까지라 그 남편 경계는 염해의 극단 곧 남향한 해만에서부터 아그랍빔 비탈 남편으로 지나 신에 이르고 가데스 바네아 남편으로 올라가서 헤스론을 지나며 아달로 올라가서 돌이켜 갈가에 이르고"(수 15:1-3).

"에시온 게벨에서 발행하여 신 광야 곧 가데스에 진쳤고"(민 33:36).

"이는 너희가 신 광야 가데스의 므리바 물가에서 이스라엘 자손 중 내게 범죄하여 나의 거룩함을 이스라엘 자손 중에서 나타내지 아니한 연고라"(신 32:51).

"호렙 산에서 세일 산을 지나 가데스 바네아에까지 열 하룻길이었더라"(신 1:2).

② 2차 가데스에 도착한 출애굽의 경로

신명기 1장과 2장 사이에 이스라엘의 광야생활 37년 6개월의 간격이 비어 있는 반면에, 민수기 33장 19-34절은 출애굽 중기(광야 37년 6개월)로 이스라엘이 경유한 지명만 있을 뿐 주둔한 장소와 생활에 대해서는 전혀 기록이 없다. 민수기 33장은 출애굽 루트로 이스라엘의 주둔지가 빠짐없이 기록된 장이라 하겠다. 민수기와 신명기 2장을 통해 출애굽 말기의 2차 가데스에 주둔한 이스라엘의 경로를 추적해 보자. 신명기 2장은 출애굽 말기에 들어선 이스라엘이 ⓑ아카바만 홍해 끝자락에 위치한 에시온 게벨에서 출발하여 가데스에 도착하였다고 한다. 이스라엘이 에시온 게벨에서 출발하여 신 광야가 있는 가데스에 주둔한 때는 출애굽 말기로 2차 가데스에 도착하였을 때이다. 민수기 33장 36절은 에시온 게벨에서 가데스까지의 경로를 간략하게 요약하고 있다.

"에시온 게벨에서 발행하여 신 광야 곧 가데스에 진쳤고"(민 33:36).

그러면 두 곳의 주둔지 에시온 게벨과 가데스 사이의 경로를 살펴보자.

i. 가나안으로 북상하는 세일 산까지 경로를 밝히고 있다.

"우리가 회정하여 여호와께서 내게 명하신 대로 홍해 길로 광야에 들어가서 여러 날 동안 세일 산을 두루 행하더니"(신 2:1).

위의 구절을 구체적으로 살펴보면, "회정하여"란 '왔던 길로 되돌아가는' 것으로서, 이는 이스라엘이 출애굽 중기 16곳의 광야생활 37년 6개월을 마치고 가나안으로 북상할 에시온 게벨 방향을 말함이다(민 33:34, 35). 이어 "홍해 길"이란 ⓑ아카바 만 홍해 끝자락에 위치한 에시온 게벨에서 가데스 사이의 경유지로 가나안 남부 아랫길과 사해 바다 아랫길, 그리고 세일 산 방향으로 왕래하는 길을 말한다. 이로써 가나안을

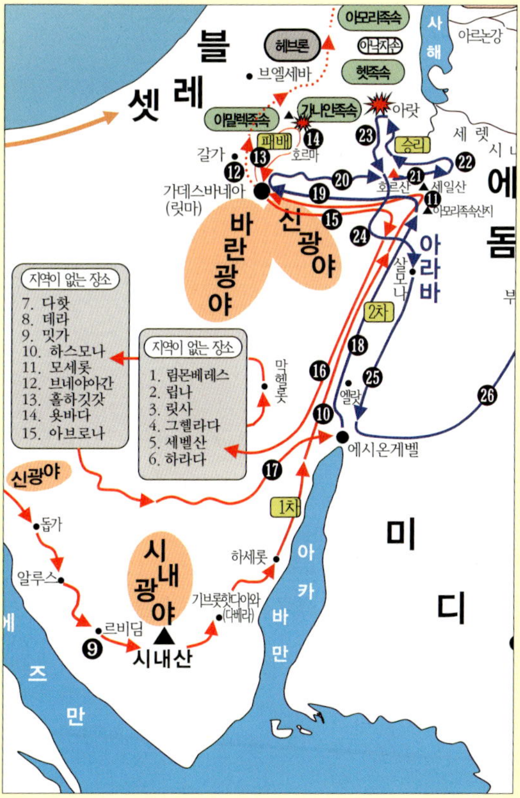

향해 홍해 길로 북상하면 '광야', 즉 세일 산을 진입하기 전 또 다른 작은 광야(성경에 명시되지 않은 광야 혹은 신 광야의 변방?)를 거쳐 에돔의 영토 세일 산에 진입하게 된다.

ii. 하나님은 '이 산' 즉 세일 산에서 '북으로 가라'고 지시하셨다.

"너희가 이 산을 두루 행한 지 오래니 돌이켜 북으로 나아가라"고 하셨는데(신 2:3), 여기서 "북으로"란 가나안 방향을 가리킨다.

iii. 이스라엘은 오랫동안 머물렀던 세일 산에서 가나안을 진입하기 위해 1차 가나안에 12정탐꾼을 파견했던 신 광야에 속한 가데스에 도착하였다.

"에시온 게벨에서 발행하여 신 광야 곧 가데스에 진쳤고"(민 33:36).

iv. 하나님은 세일에 거주하는 "너희 동족 에서(에돔) 자손의 지경을 지날 때 그들과 다투지 말라"고 하셨다.

앞에서 이미 1차 가데스 도착에서 언급한 바, 이스라엘이 에돔 영토의 세일(세일 산)을 통과할 때 그들의 행동에 대하여 구체적으로 언급하고 있다.

“너는 또 백성에게 명하여 이르기를 너희는 세일에 거하는 너희 동족 에서의 자손의 지경으로 지날진대 그들이 너희를 두려워하리니 너희는 깊이 스스로 삼가고 그들과 다투지 말라 그들의 땅은 한 발자국도 너희에게 주지 아니하리니 이는 내가 세일 산을 에서에게 기업으로 주었음이로라 너희는 돈으로 그들에게서 양식을 사서 먹으며 돈으로 그들에게서 물을 사서 마시라 네 하나님 여호와가 너의 하는 모든 일에 네게 복을 주고 네가 이 큰 광야에 두루 행함을 알고 네 하나님 여호와가 이 사십 년 동안을 너와 함께하였으므로 네게 부족함이 없었느니라 하셨다 하라 하시기로”(신 2:4-7).

v. 이로써 모세는 가데스에서 에돔 땅을 통과하고자 두 차례나 사신을 보내어 에돔 왕과 타협을 했으나 에돔 왕이 거부를 했다.

“모세가 가데스에서 에돔 왕에게 사자를 보내며 이르되 당신의 형제 이스라엘의 말에 우리의 당한 모든 고난을 당신도 아시거니와 우리 열조가 애굽으로 내려갔으므로 우리가 애굽에 오래 거하였더니 애굽 인이 우리 열조와 우리를 학대하였으므로 우리가 여호와께 부르짖었더니 우리 소리를 들으시고 천사를 보내사 우리를 애굽에서 인도하여 내셨나이다 이제 우리가 당신의 변방 모퉁이 한 성읍 가데스에 있사오니 청컨대 우리로 당신의 땅을 통과하게 하소서 우리가 밭으로나 포도원으로나 통과하지 아니하고 우물물도 공히 마시지 아니하고 우리가 왕의 대로로만

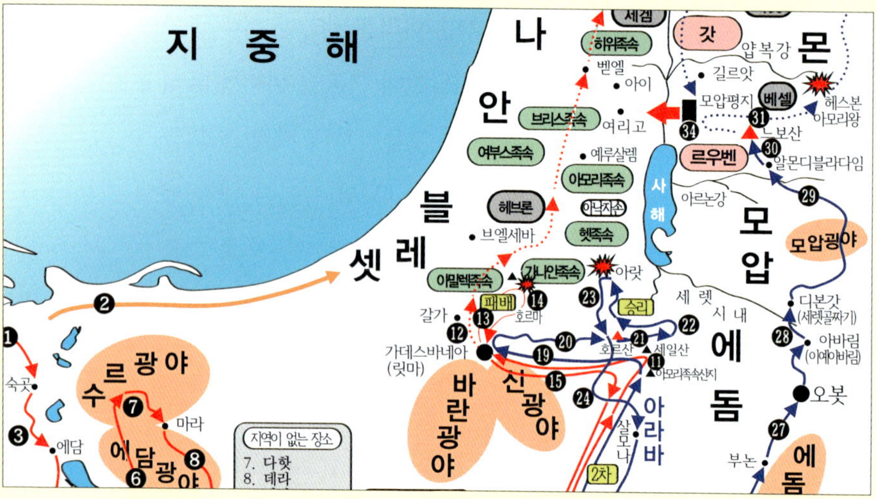

통과하고 당신의 지경에서 나가기까지 좌편으로나 우편으로나 치우치지 아니하리이다 한다 하라 하였더니 에돔 왕이 대답하되 너는 우리 가운데로 통과하지 못하리라 내가 나가서 칼로 너를 맞을까 염려하라 이스라엘 자손이 이르되 우리가 대로로 통과하겠고 우리나 우리 짐승이 당신의 물을 마시면 그 값을 줄 것이라 우리가 도보로 통과할 뿐인즉 아무 일도 없으리이다 하나 그는 가로되 너는 지나가지 못하리라 하고 에돔 왕이 많은 백성을 거느리고 나와서 강한 손으로 막으니"(민 20:14-20).

"이스라엘이 사자를 에돔 왕에게 보내어 이르기를 청컨대 나를 용납하여 네 땅 가운데로 지나게 하라 하였으나 에돔 왕이 이를 듣지 아니하였고 또 그같이 사람을 모압 왕에게 보내었으나 그도 허락지 아니하므로 이스라엘이 가데스에 유하였더니" (삿 11:17).

vi. 이스라엘은 에돔 땅 입구에서 회정하여 호르 산에 주둔했을 때 아론이 호르 산에서 죽었는데(민 33:38, 39), 이 무렵 "가나안 땅 남방에 거한 가나안 사람 아랏 왕"(민 33:40)과의 전쟁이 있었다. 선두 그룹은 에돔 국경 호르 산에 장막을 쳤지만 아직 후미에 미도착한 백성들이 위기를 맞았다. 아래 vii를 보라.

"에시온 게벨에서 발행하여 신 광야 곧 가데스에 진쳤고 가데스에서 발행하여 에돔 국경 호르 산에 진쳤더라"(민 33:36, 37).

vii. '가나안 남방'에 거하는 가나안 사람 아랏 왕이 이스라엘을 치고 몇 사람을 포로로 잡았다는 비보를 들은 이스라엘이 그들과의 전투로 성읍을 다 멸했던 것이다.

"가나안 땅 남방에 거한 가나안 사람 아랏 왕이 이스라엘의 옴을 들었더라"(민 33:40).

"남방에 거하는 가나안 사람 곧 아랏의 왕이 이스라엘이 아다림 길로 온다 함을 듣고 이스라엘을 쳐서 그중 몇 사람을 사로잡은지라 이스라엘이 여호와께 서원하여 가로되 주께서 만일 이 백성을 내 손에 붙이시면 내가 그들의 성읍을 다 멸하리이다 여호와께서 이스라엘의 소리를 들으시고 가나안 사람을 붙이시매 그들과 그 성읍을 다 멸하니라"(민 21:1-3).

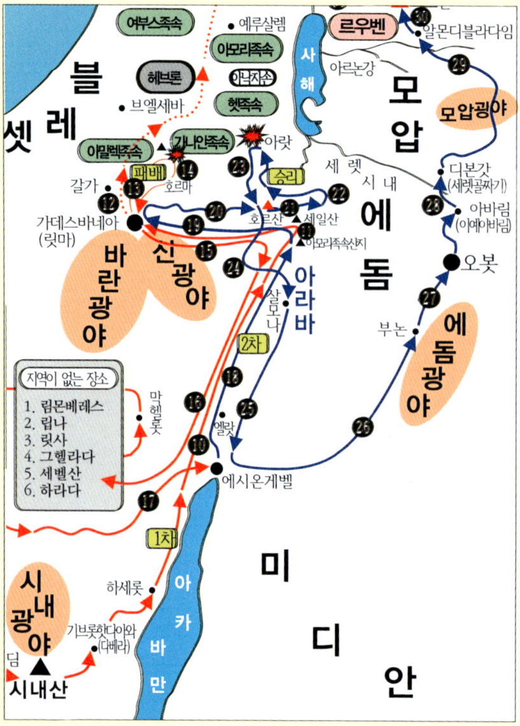

viii. 그 후 이스라엘은 호르 산에서 남쪽 방향 홍해 길[15]로 내려가 살모나에 장막을 쳤고,

"그들이 호르 산에서 발행하여 살모나에 진쳤고"(민 33:41).

"백성이 호르 산에서 진행하여 홍해 길로 좇아 에돔 땅을 둘러 행하려 하였다가"(민 21:4 상반절).

ix. 세일 산에서 살모나[16]를 통과하여 아라바를 지나 ⓑ아카바 만 홍해가 있는 에시온 게벨로 내려왔다.

"우리가 세일 산에 거하는 우리 동족 에서의 자손을 떠나서 아라바를 지나며 엘랏과 에시온 게벨 곁으로 지나 행하고"(신 2:8 상반절).

15) 호르 산에서 에시온 게벨 방향으로 남하하는 24번, 25번(부호) 경로는 화살표를 아카바 만 홍해 길 경로에 표시해야 하지만 1차, 2차 가데스 왕복 길인 홍해 길에 이미 세 개의 화살표 경로로 복잡하여 시각적 효과로 24번, 25번(부호) 경로를 별도 S자 곡선처럼 경로(화살표) 폭의 사이를 넓혀서 그려 넣었다.
16) 세일 산과 살모나 사이에 가나안 사람 아랏 왕과의 전투와 호르 산 경유 등이 제외되어 있다(지도상에는 두 지역이 나타나 있다).

x. 또다시 북동쪽으로 북상하여 에돔 광야를 지나 에돔과 모압 영토의 뒤로 돌아서,

"백성이 호르 산에서 진행하여 홍해 길로 좇아 에돔 땅을 둘러 행하려 하였다가 길로 인하여 백성의 마음이 상하니라"(민 21:4).

"그 후에 광야[17)]를 지나 에돔 땅과 모압 땅을 둘러 행하여 모압 땅 동편에서부터 와서 아르논 저편에 진쳤고 아르논은 모압 경계이므로 그 경내에는 들어가지 아니하였으며"(삿 11:18).

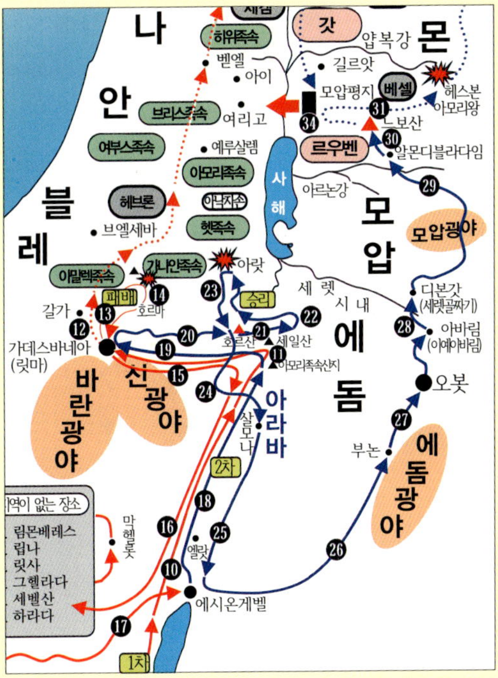

xi. 모압 광야 길을 지나 요단 강 동쪽 여리고 맞은편의 모압 평지로 진입하게 되었던 것이다. 이는 에돔 족속의 땅 세일 산에서부터 모압 평지 도착까지의 경로이다. 특히 하나님은 이스라엘이 모압 땅에 진입할 때 모압 족속을 괴롭히거나 싸우지도 말라며 주의를 주셨다.

17) 에돔 광야(출애굽 루트 지도를 참고하라).

"우리가 세일 산에 거하는 우리 동족 에서의 자손을 떠나서 아라바를 지나며 엘랏과 에시온 게벨 곁으로 지나 행하고 돌이켜 모압 광야 길로 진행할 때에 여호와께서 내게 이르시되 모압을 괴롭게 말라 그와 싸우지도 말라 그 땅을 내가 네게 기업으로 주지 아니하리니 이는 내가 롯 자손에게 아르를 기업으로 주었음이로라"(신 2:8, 9).

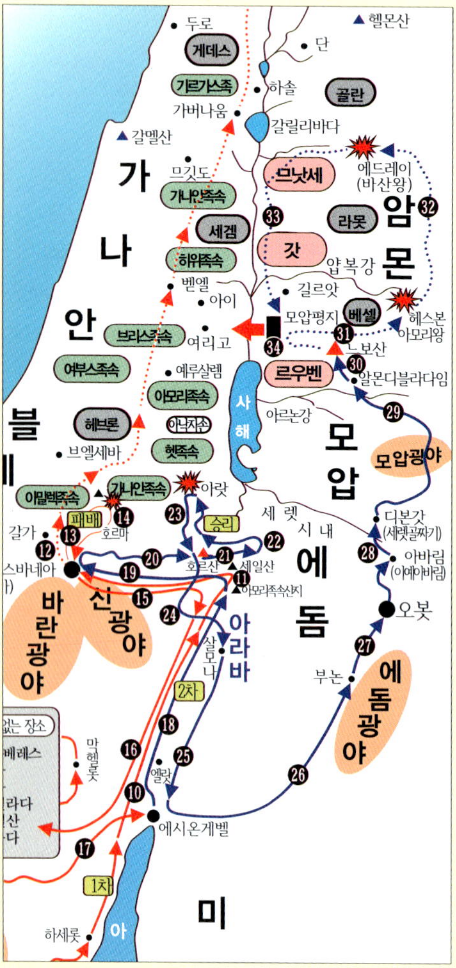

xii. 요단 강 동편 아모리 왕 시혼과 바산 왕 옥과의 전쟁에서 이스라엘이 승리를 거두었다. 모세가 아모리 왕에게 사신을 보내어 타협하고자 하였으나 왕은 이를 거부하고 이스라엘을 치므로, 도리어 이스라엘이 아모리 족속을 쳐서 아르논 강에서 얍복 강까지 점령하게 되었다.

"이스라엘이 아모리 왕 시혼에게 사자를 보내어 가로되 우리로 당신의 땅을 통과하게 하소서 우리가 밭에든지 포도원에든지 들어가지 아니하며 우물물도 공히 마시지 아니하고 우리가 당신의 지경에서 다 나가기까지 왕의 대로로만 통행하리이다 하나 시혼이 자기 지경으로 이스라엘의 통과함을 용납하지 아니하고 그 백성을 다 모아 이스라엘을 치러 광야로 나와서 야하스에 이르러 이스라엘을 치므로 이스라엘이 칼날로 그들을 쳐서 파하고 그 땅을 아르논부터 얍복까지 점령하여 암몬 자손에게까지 미치니 암몬 자손의 경계는 견고하더라"(민 21:21-24).

뿐만 아니라 이스라엘은 요단 강 동편 북쪽 에드레이에서 바산 왕 옥과 전쟁을 치러 그 땅을 점령함으로써 요단 강 동편은 이스라엘의 영토가 되었다. 이로써 모세 생전에 르우벤 지파와 갓 지파와 므낫세 반 지파의 소유가 되었다.

"돌이켜 바산 길로 올라가매 바산 왕 옥이 그 백성을 다 거느리고 나와서 그들을 맞아 에드레이에서 싸우려 하는지라 여호와께서 모세에게 이르시되 그를 두려워 말라 내가 그와 그 백성과 그 땅을 네 손에 붙였나니 너는 헤스본에 거하던 아모리 인의 왕 시혼에게 행한 것같이 그에게도 행할지니라 이에 그와 그 아들들과 그 백성을 다 쳐서 한 사람도 남기지 아니하고 그 땅을 점령하였더라(민 21:33-35).

xiii. 이스라엘은 요단 강 동편에 거주한 아모리 왕 시혼과 바산 왕 옥을 멸하고 그 땅을 점령한 후에 다시 여리고 맞은편 모압 평지로 돌아와 싯딤에 주둔하였던 것이다.

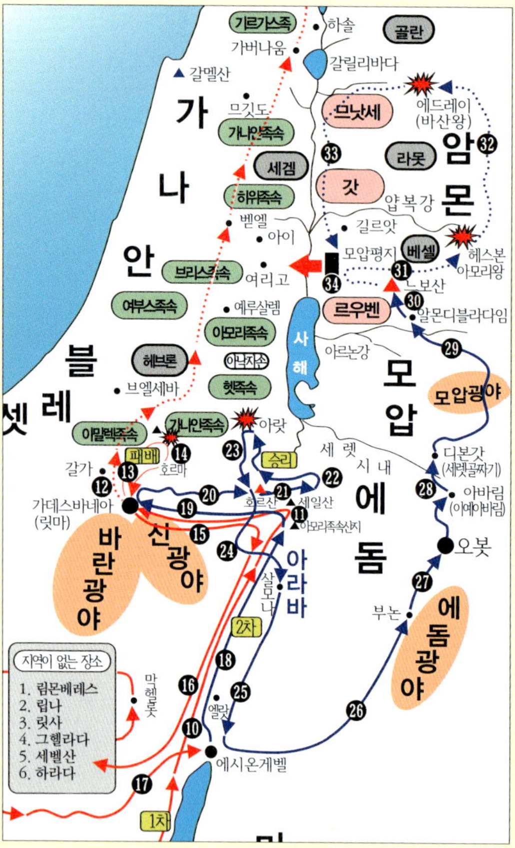

"이스라엘 자손이 또 진행하여 모압 평지에 진쳤으니 요단 건너편 곧 여리고 맞은편이더라"(민 22:1).

"이스라엘이 싯딤에 머물러 있더니 그 백성이 모압 여자들과 음행하기를 시작하니라"(민 25:1).

출애굽 말기, 이스라엘이 에시온 게벨에서 홍해 길로 북상하여 가나안 남부 극남단에 위치한 가데스[18] 주둔 전후에 일어난 주요한 일련의 사태를 보면, 가데스에서 미리암의 죽음과(민 20:1) 반석에서의 생수 사건(민 20:2-11), 사해 바다 아랫길을 가로질러 에돔 경내로 진입에 대한 에돔 왕의 타협 거부와(민 20:14-21), 호르 산에서 아론의 죽음과(민 20:22-29), 가나안 남부에 속한 가나안 사람 아랏 왕과의 전쟁 등이다(민 21:1-3). 그리고 이스라엘 영토에 속한 가나안 남편 경계 및 유다 남편 경계인 가데스 바네아까지(민 34:1-5; 수 15:1-4), 이 지역 모두가 가

18) 앞에서 가데스는 이미 성경적으로 가나안의 극남단의 위치에 있음을 확인했다.

나안 남부에 속해 있음을 밝히고 있다.

만약 신 출애굽 루트의 주장자들처럼 가데스 바네아가 미디안(아라비아)에 속해 있다면 가나안 땅 남부는 미디안까지 속해 있다는 결론에 이른다. 신 출애굽 루트 주장자들의 입장에서 이스라엘의 영토를 본다면, 가나안 남부 경계 및 유다 남부 경계는 부분적이기는 하지만 에돔 영토를 비롯해 아라바와 ⓑ아카바 만 홍해가 있는 에시온 게벨, 그리고 그 아래 남쪽 지역이 이스라엘 영토가 된다 하겠다.

"너는 또 백성에게 명하여 이르기를 너희는 세일에 거하는 너희 동족 에서의 자손의 지경으로 지날진대 그들이 너희를 두려워하리니 너희는 깊이 스스로 삼가고 그들과 다투지 말라 그들의 땅은 한 발자국도 너희에게 주지 아니하리니 이는

내가 세일 산을 에서에게 기업으로 주었음이로라"(신 2:4, 5)

이로 볼 때 신 출애굽 루트 주장자들이 말하는 가데스는 지리적 위치로 보아 전혀 맞지가 않다.

제1장, 제2장에서 출애굽 루트의 지리적 위치와 방향과 거리를 살펴본 결과, 본 책자에 제시된 성경적 출애굽 루트가 확실함을 보여준다 하겠다.

제3장 시나이 광야를 각국의 영토로 보는 견해

1. 광야를 각국 영토로 가정(假定)한 견해

현 시나이 반도 광야 지역을 세 나라의 영토, 즉 애굽 영토, 가나안 영토, 미디안 영토, 그리고 무영토로 가정해 보고자 한다.

1) 광야를 애굽의 영토로 보는 견해

현 시나이 반도 광야를 당시 애굽의 영토로 가정한다면, 출애굽한 이스라엘 백성이 ⓑ아카바 만 홍해 부근의 두 번째 장막을 친 에담이 애굽의 영토가 된다. 이로써 애굽 국경 동편은 ⓑ아카바 만 홍해가 경계가 되고 북쪽으로는 가나안 땅 남단이 경계로서 애굽과 가나안이 서로 맞닿는 접경 지역이다.

가나안 극남단에 위치한 가데스는 바란 광야와 맞닿는 곳으로 이스라엘이 두 번이나 경유하여 장막을 친 지역이다. 1차는 이스라엘이 출애굽 초기에 시내 산에서 기브롯 핫다아와 하세롯을 거쳐 가데스에 도착하였고(민 13:26), 2차는 출애굽 중기 37년 6개월의 광야생활을 마치고 출애굽 말기에 ⓑ아카바 만 홍해 끝자락인 에시온 게벨에서 가데스에 도착하였을 때이다(민 20:1). 내용상 1차 시 가데스는 모세가 12정탐꾼을 가나안에 보낸 시점이었고, 2차 시 가데스에는 지팡이로 반석을 쳐 생수를 낸 기적의 장소이기도 하였다(민 20:1-11).

신 출애굽 루트의 주장자들대로 라오즈 산을 시내 산이라 본다면, 가나안 극남단에 위치한 가데스에 장막을 친 이스라엘은 미디안(현 사우디아라비아)에서 애굽 영토를 두 번이나 들어간 셈이 된다. 그렇다면 애굽 왕이 자기 영토에 진입한 이스라엘을 그냥 두고 볼 수 없었을 것이다. 더구나 출애굽을 시키신 하나님이 구름기둥과 불기둥으로 자기 백성 이스라엘을 두 번이나 애굽 영토에 장막을 치도록 인도하셨을까? 애굽에 장막을 친다는 것은 있을 수 없는 일이라 본다.

《떨기나무》 후기에 '시나이 반도의 시내 산이 진짜 시내 산이 아닌 9가지 이유' 중 1. 시나이 반도는 당시에 애굽 땅이었다고 여러 설명을 덧붙여 말했다. 하지만 앞에 2. 2)의 ④와 ⑤에서 언급한 것처럼 '가데스'가 가나안 남부 경계(유다 남부 경계)에 속한 성경의 근거로 보아 가데스와 현 시나이 반도는 애굽 땅이라 하지 않고 있음을 알 수 있다. 다만 그 지역에 광야들만 나열하고 있다. 광야인즉 수르 광야(출 15:22), 에담 광야(민 33:8), 시내 광야(출 19:1), 바란 광야(민 10:12), 신 광야(출 16:1), 신 광야(민 20:1) 등이다. 그래서 현 시나이 반도 광야를 애굽 영토로 보는 것은 성경적으로나 지리적 위치로나 맞지가 않다. 이로써 현 시나이 반도는 애굽의 영토가 아님을 확인할 수가 있다.

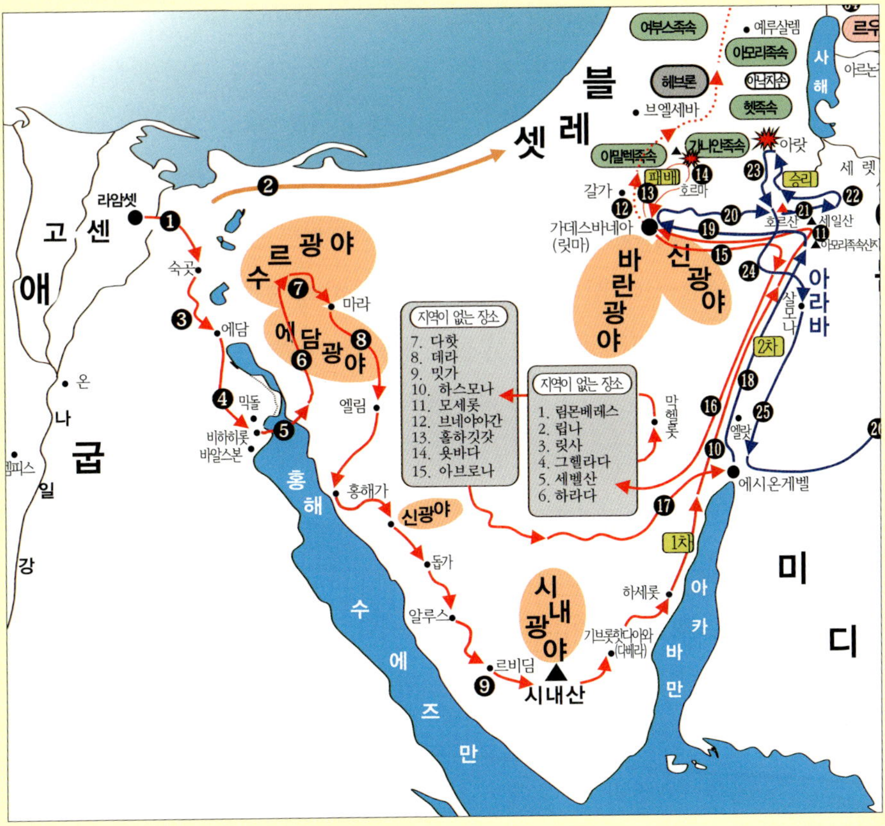

2) 광야를 미디안의 영토로 보는 견해

여기서 두 가지로 추정해 볼 수 있다. 현 시나이 반도의 광야를 당시 미디안의 영토로 가정한다면,

첫째, 애굽 라암셋을 출발하여 숙곳, 에담, 비하히롯 앞 ⓐ수에즈 만 홍해를 건너 현 시나이 반도인 미디안 광야로 진입하는 길이다. 그렇다면 이는 3일 만에 미디안 광야로 진입할 수가 있지만 홍해 도하까지는 기존 출애굽 루트와 동일한 코스가 된다. 문제는 ⓐ수에즈 만 홍해와 신 출애굽 루트를 주장하는 사우디아라비아의 시내 산이라는 라오즈 산과는 거리가 동떨어진 위치이다. 라암셋에서 사우디의 라오즈 산을 가려면 ⓐ수에즈 만 홍해를 건너 도보거리 약 500km의 현 시나이 반도의 미디안 광야를 통과해야 하고, 다시 ⓑ아카바 만 홍해를 건너든지 아니면 홍해를 우회로 가든지 해야 할 것이다. 그리고 시내 산이라는 라오즈 산을 향해 또다시 광야 길을 걸어야 한다. 이 같은 추정 역시 설득력을 얻지 못하는 이유는 앞에서 이미 언급한 바, 하나님이 "사흘 길쯤 광야로 가기를 허락하소서"(출 3:18)라고 하셨기 때문이다. 그것은 애굽 라암셋에서부터 ⓐ수에즈 만 홍해 앞 비하히롯까지 도보 거리 150km 정도의 삼 일 길이라 하였다.

둘째, 미디안이라 가정한 현 시나이 반도 광야를 통과하는 길이다. 이스라엘 백성이 ⓐ수에즈 만 홍해를 건너지 않고 현 시나이 반도 광야를 횡단하여 ⓑ아카바 만 홍해를 건너는 길이다. 애굽 라암셋에서 ⓑ아카바 만 홍해까지는 직선거리 약 350km이며, 도보 거리는

500km 정도 되는 거리이다. 신 출애굽 루트 주장자들은 이스라엘이 라암셋에서 ⓑ아카바 만 홍해 앞까지 현 시나이 반도 광야를 도보로 3일 만에 횡단했다고 한다.

현 시나이 반도 광야가 미디안 영토라 할지라도 도보 거리 약 500km의 광야를 3일 만에 횡단한다는 것은 불가능한 일이다. 또한 현 시나이 반도를 미디안 광야라고 한다면, 신 출애굽 루트 주장자들은 기존 시내 산을 인정하는 것이 된다. 그것은 모세가 호렙 산(시내 산) 떨기나무 불꽃 가운데 하나님으로부터 소명을 받은 미디안 광야가 되기 때문이다. *(현 시나이 반도의 광야를 3일 만에 횡단할 수 있느냐에 대하여는 앞서 "사흘 길쯤 광야"에서 언급한 바, 2. 라암셋에서 에담 광야까지의 일수를 참고하길 바란다). 이로 보아 현 시나이 반도의 광야는 미디안 영토가 아님을 알 수 있다.

3) 광야를 가나안의 영토로 보는 견해

현 시나이 반도의 광야를 가나안의 영토로 본다면 이는 더구나 지리적으로 위치가 맞지 않다. 그것은 가나안 남방이라고 할 때 기존 시내 산이 있는 지역이 가나안 남방이 되기 때문이다. 성경에 아브라함이 애굽을 오갈 때 가나안 남방 길로 통과했다는 것과 또 이스라엘이 사해 아래 에돔을 통과하려고 할 때 가나안 남방 아랏과의 전쟁이라든지, 가나안 남방 가데스 바네아에서 가나안 북부까지 탐지하려 보낸 열두 정탐꾼 등 그 외의 사건을 보더라도 가나안 영토는 지리적 위치가 전혀 맞지 않다. 위에서 애굽과 미디안과 가나안의

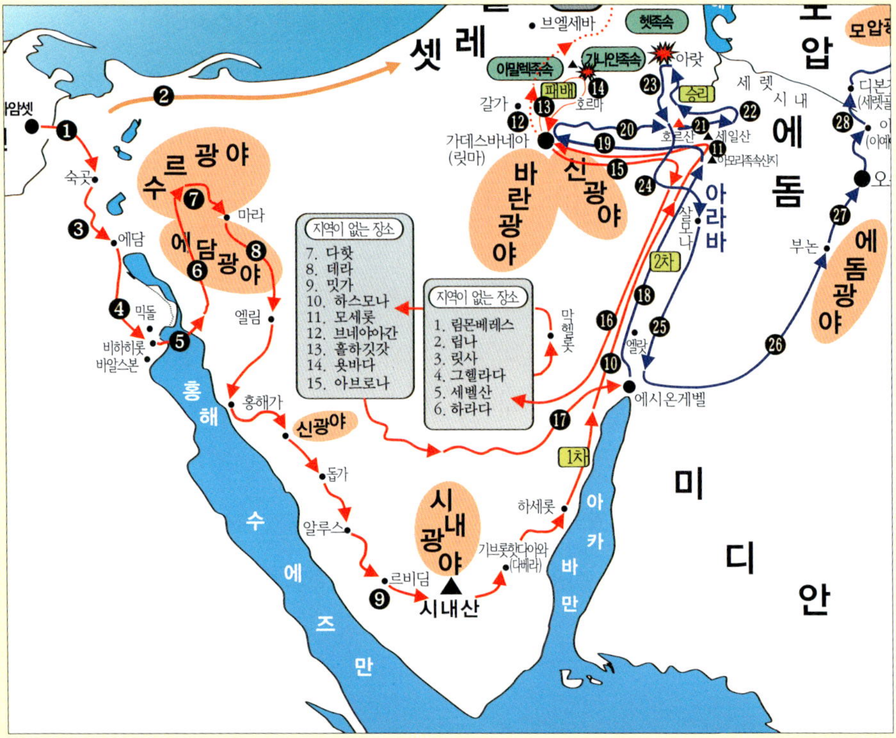

세 영토로 가정해 보았지만, 성경의 지리적 위치를 보아 현 시나이 반도가 애굽과 미디안, 그리고 가나안의 영토가 아님을 알 수 있다.

4) 광야를 무(無)영토로 보는 견해

당시 현 시나이 반도의 광야는 어느 국가의 영토가 아닌 방치된 땅으로 본다. 그것은 기본적인 의식주 생활도 보장받을 수 없는 땅이었기 때문이다. 광야는 애굽이나 미디안이나 가나안의 영토가 아닌 버려진 땅이다. 실로 광야는 희망이 없는, 목숨을 부지할 수 없는 죽음의 땅이었다. 광야는 대상(大商)이나 여행객만이 경유하는 땅으로 불모지였다. 현 시나이 반도의 광야는 세 길이 있었는데, 애굽에서 블레셋으로 가는 해안 길과(출 3:17) 왕의 대로와(민 20:17, 21:22) 무역 대상로, 즉 애굽에서 가나안을 거쳐 북부 메소포타미아까지 왕래하는 대상로의 경로이다. 광야는 세 곳의 길이 있지만 그 외의 수단으로 사용되지 못했다.

현 시나이 반도 광야가 어느 국가의 영토가 아니라는 것은 40년간 광야생활을 했던 이스라엘 백성이 말해준다. 만약 현 시나이 반도가 애굽 영토였다면, 애굽 사람들이 자국의 영토를 방랑하는 이스라엘을 40년간 방관할 리가 없다. 더구나 출애굽을 시키신 하나님이 이스라엘을 애굽 영토인 현 시나이 반도에서 주야로 구름기둥과 불기둥으로 역사하셨겠는가? 그럴 리가 만무하다. 이스라엘이 르비딤에서 아말렉과의 전쟁을 제외하고는 외부 족속들에게 자국의 영토로 항의나 방해를 받은 적이 없었기 때문이다. 르비딤에서 만난 아말렉은 목초지를 찾아 유랑하는 유목민으로서 떠돌이 족속에 불과했다. 그래서 현 시나이 반도의 광야는 당시 어느 국가의 영토가 아닌 방치된 땅으로 볼 수밖에 없다.

현 시나이 반도 광야를 위의 네 가지 견해로 가정해서 살펴보았다. 그중에 네 번째 무영토의 견해가 유력하다. 당시 광야는 어느 국가의 영토가 아닌 방치된 무영토였음을 알 수 있다. 현 시나이 반도의 광야를 무영토로 볼 때 "사흘 길쯤 광야"의 길이 자연스럽게 애굽 라암셋에서 숙곳과 에담, 그리고 세 번째 장막을 친 홍해 앞 비하히롯까지 직선거리 약 130km(도보 거리 150km)를 이스라엘이 도보로 걸은 후 그들이 건넌 바다가 기존 ⓐ수에즈 만 홍해로 입증이 되는 것이다.

제4장 시내 산의 위치와 주변 바위들

1. 광야 서편 방향에 있는 시내 산

신 출애굽 루트 주장자는 모세가 떨기나무 불꽃 앞에서 하나님께 받은 소명의 산이 ⓑ아카바 만 홍해 건너편 사우디아라비아의 라오즈 산이라고 주장한다. 그것은 모세가 미디안에서 "양무리를 치더니 그 무리를 '광야 서편'으로 인도하여 하나님의 산 호렙에 이르렀다"(출 3:1)는 것과 "네가 백성을 애굽에서 인도하여 낸 후에 너희가 '이 산'에서 하나님을 섬기리니"(출 3:12)라는 말씀을 내세운다. 두 구절의 '광야 서편'과 '이 산'을 연관시켜 사우디아라비아(미디안)의 시내 산이라는 라오즈 산에서 하나님을 섬겼다고 한다. 그래서 라오즈 산이 '광야 서편'에 있는 시내 산(호렙 산)이라 주장한다. 하지만 사우디아라비

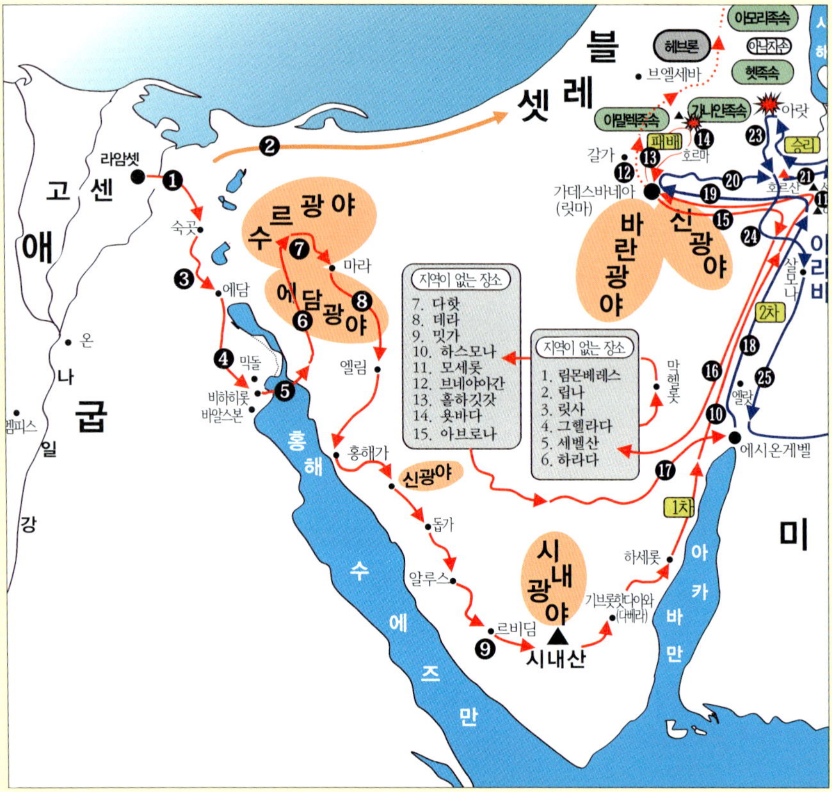

아의 라오즈 산이 있는 곳만이 광야 서편은 아니다.

히브리 원어 '광야 서편'을 살펴보자. '서편'(אַחַר, 아하르)이란 '부근', '뒤쪽', '서쪽', '배후에', '다음', '후에', '시기', '미래' 등으로 사용되었다. 역본들은 '광야 서편'의 אַחַר(아하르)를 각각 다르게 번역하였다. 장소를 말할 때 70인역(LXX)은 '광야 부근'으로, 영어성경은 '광야 뒤편'으로, 개역성경은 '광야 서편'으로 번역하였다. 그리고 시간에 있어서는 '후에', '다음에', '시기', '미래'로 사용되기도 한다. 어원 אַחַר(아하르)는 많은 뜻을 지니고 있다. 이와 같은 번역은 히브리 사상의 언어 개념을 이해할 필요가 있다. 그래서 본서에는 개역성경대로 '광야 서편'을 따르도록 하겠다.

출애굽기 3장 1절에 "양무리를 치더니 그 무리를 광야 서편으로 인도하여 하나님의 산 호렙에 이르렀다"고 하였다. 신 출애굽 루트 주장자는 '광야 서편'의 산이 라오즈 산이라 하지만 사실 서편 방향에 있는 산은 현 시나이 반도에 있는 시내 산이다. 그것은 미디안 광야에서 볼 때 기존 시내 산이 ⓑ아카바 만 홍해 건너 '광야 서편'에 있기 때문이다. 모세는 애굽에서 도피할 때 현 시나이 반도의 광야 길을 횡단한 경험이 있다. 그리고 장인 이드로에게 이스라엘 백성의 구원에 대한 하나님의 계시에 대해 자초지종을 말한 모세가 다시 광야 길로 애굽에 가기도 하였다(출 4:18). 당시 시간의 제약이나 구속(拘束)을 받지 않았던 모세는 언제 어디서든 양무리를 몰고 현 시나이 반도의 시내 산에 도착할 수 있었기 때문이다.

또한 하나님은 아론에게 광야에 가서 모세를 맞으라고 하실 때, 아론이 '하나님의 산'에서 모세를 만났다고 하였다(출 4:27). 아론과 모세의 상봉에서 보듯이, 현 시나이 반도의 기존 시내 산의 위치라면 가능할까 사우디아라비아의 라오즈 산이라면 상봉이 어렵다. 왜냐하면 애굽 라암셋에서 현 시나이 반도 광야(도보 거리 약 500km 정도)를 걸어 ⓑ아카바 만 홍해를 우회해서 다시 미디안 광야로 진입하여 라오즈 산까지 약 200km를 도보로 걸으면 총 700km를 걷게 된다. 하루 해거름으로 매일 35km를 휴식 없이 걸어야 약 20일(500km+200km=700km)이 소요된다. 식사 시간과 휴식을 포함한다면 약 25일 걸리는 거리이다. 또 양무리를 치는 모세가 라오즈 산에서 아론이 오기를 근 25일을 지체한다는 것은 어려운 일이라 하겠다.

하여튼 하나님께서 애굽 라암셋에서 에담 광야까지의 "사흘 길쯤 광야"라는 말씀과 모세가 소명을 받은 '광야 서편'에 있는 현 시나이 반도의 시내 산 위치와 거리를 연결하면 자연스럽게 기존 출애굽 루

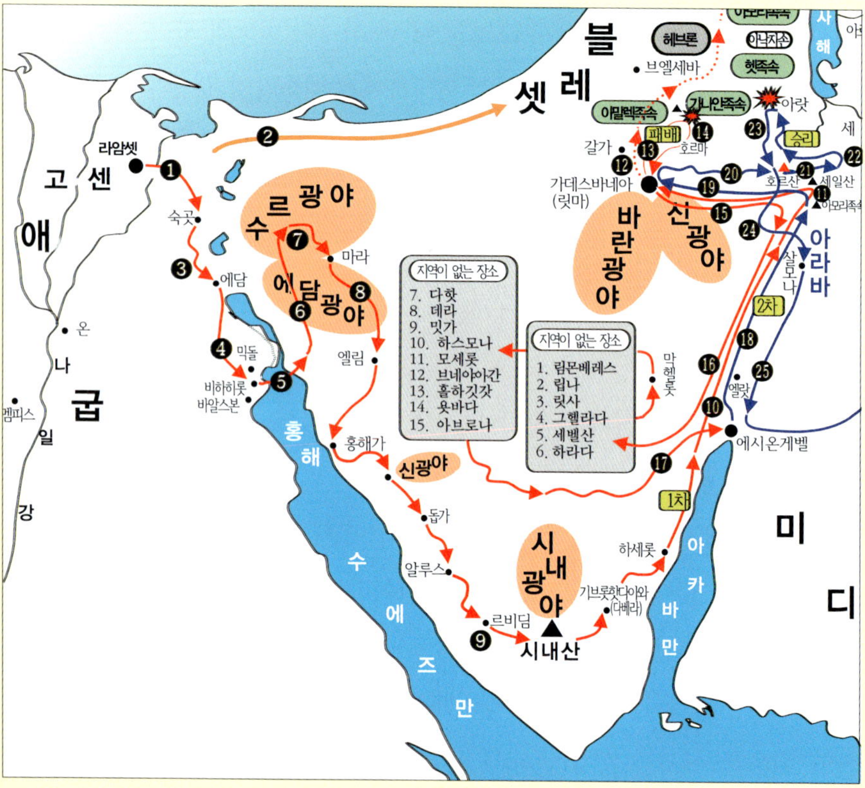

트가 된다. 성경에 현 시나이 반도의 시내 산이 시내 산이라는 직접적인 말씀(증거)은 없으나 일반적으로 애굽 라암셋에서 숙곳, 에담, 비하히롯까지 도보 거리 150km의 3일 길과, 또 [a]수에즈 만 홍해를 건너 에담 광야에 도착한 거리와 일수(日數)를 성경에 근거하면 기존 시내 산이 유력함을 알 수 있다.

2. 시내 산이라는 라오즈 산에 대한 반증

1) 화염으로 검게 탄 라오즈 산 정상

신 출애굽 루트 주장자는 사우디아라비아에 시내 산이라는 라오즈 산 정상에 바위 전체가 검게 그을린 부분은 하나님이 불 가운데 강림하실 때 바위가 화염에 타서 흘러내린 것이라고 주장한다. 하지만 이는 허황된 말에 불과하다.

만약 라오즈 산 정상이 있는 바위가 녹아내릴 정도의 불이었다면 시내 산에 등정한 모세는 화염에 타죽었을 것이다(출 19:18, 20). 시내 산의 화염은 모세가 2차 등정 시에 나타난 현상이지만 1차 시에도 시내 산에서의 하나님 임재 광경은 똑같았을 것이다. 시내 산의 화염은 하나님의 초자연적인 불임을 명심해야 한다. 사실 라오즈 산 정상의 바위는 산이 형성될 때 분화구에서 분출한 용암에 의한 것이다. 라오즈 산 정상 부분에 검은 바위에 대해서는 땅 속에 파묻힌 바위의 형태와 연대 분석이 필요하다. 과학이 발달된 시대에 레이저 스

캐너로 바위의 형태와 내부를 촬영하면 스캔 결과를 볼 수 있을 뿐 아니라 엑스-레이(X-ray)를 찍어 투시해 보면 알 수 있다. 또한 바위의 표면부터 바위 내부 속 뿌리에 이르기까지 원인과 성분을 분석하면 용암에 의한 것인지 아니면 또 다른 이유에서인지 알 수 있을 것이다. 오늘날 지질학자는 현대 과학 장비를 통해 연구 분석하여 미스터리(mystery)를 밝히는 실정이다.

분명한 것은 시내 산의 화염은 자연적인 불이 아니라 초자연적인 불이라는 사실을 인식해야 한다. 이 불은 떨기나무에 붙었던 불이요, 엘리야가 승천할 때 타고 간 불수레요, 선지자 이사야의 입술에 닿은 숯불이며, 오순절 다락방에 120문도의 머리에 현현한 성령의 불임을 명심해야 한다.

"여호와의 사자가 떨기나무 불꽃 가운데서 그에게 나타나시니라 그가 보니 떨기나무에 불이 붙었으나 사라지지 아니하는지라"(출 3:2).

"두 사람이 행하며 말하더니 홀연히 불수레와 불말들이 두 사람을 격하고 엘리야가 회리바람을 타고 승천하더라"(왕하 2:11).

"때에 그 스랍의 하나가 화저로 단에서 취한 바 핀 숯을 손에 가지고 내게로 날아와서 그것을 내 입에 대며 가로되 보라 이것이 네 입에 닿았으니 네 악이 제하여졌고 네 죄가 사하여졌느니라 하더라"(사 6:6, 7).

"불의 혀같이 갈라지는 것이 저희에게 보여 각 사람 위에 임하여 있더니"(행 2:3).

2) 라오즈 산 앞 200만 명의 결집

신 출애굽 루트 주장자는 기존 시내 산 앞에는 장소가 협소하여 이스라엘 백성이 결집할 수가 없고 사우디아라비아의 라오즈 산 앞에 200만 명의 백성이 결집할 수 있는 장소로 그곳이 시내 산이라 단정한다.

하지만 시내 광야의 장소는 문제가 되지 않는다. 장소가 협소하더라도 먼저 도착한 백성들이 순차적으로 장막을 치면 된다. 백성들이 시내 산 앞 한 장소에 장막을 쳤다고 고집한다면 오해를 불러올 수도 있다. 출애굽기 19장 2절에 "그들이 르비딤을 떠나 시내 광야에 이르러 그 광야에 장막을 치되 산 앞에 장막을 치니라"고 하였다.

"산 앞에 장막을 치니라"고 한 히브리 원어 '앞에'란, 'נֶגֶד'(네게드)로 '나가드'(נגד)에서 유래되었다. 이는 '눈에 띄는 곳에' 혹은 '보이는 곳에', '-의 앞에', '맞은편에', '상대편에' 등을 의미한다. 그렇다면 이는 백성들이 시내 산 앞편에 장막을 쳤을 뿐이지 그들이 장막을 친 거리의 제한은 없다. 그렇다면 단순히 우리글에 '앞에'라는 단어에 집착한 나머지 이스라엘 백성 전체가 시내 산 앞에 집결한 것으로 오해하기가 쉽다. 200만 명이 눈덩이처럼 한 장소에 결집했다고 하는 사고방식은 버려야 한다. 출애굽기 저자인 모세가 "산 앞에 장막을 치니라"고 한 것은 이스라엘 백성이 하나님의 산에 집결하였음을 부각시키기 위한 것이다. 다시 말해 모세는 하나님이 부르실 때 거절할 수 없는 절대자 여호와께 나왔음을 나타내기 위한 히브리 사상의 개념으로 그와 같이 표현한 것이다.

원어에 보듯이, 모세는 절대 주권자이신 하나님 앞에 집결하였다는 순종의 의미일 뿐 아니라 현존하신 하나님의 강림을 강조하기 위함으로써 "시내 광야에 이르러 그 광야에 장막을 치되 산 앞에 장막을 치니라"(출 19:2)고 하였다. 더구나 하나님은 이스라엘이 시내 산에 오기까지 친히 이스라엘의 선두에 서서 장막 칠 곳을 찾으시고 구름기둥과 불기둥으로 백성들의 갈 길을 지시하셨다. 그래서 이스라엘이 장막 칠 장소가 넓든 좁든 구애(拘礙) 받을 필요가 없었다.

> "그는 너희 앞서 행하시며 장막 칠 곳을 찾으시고 밤에는 불로, 낮에는 구름으로 너희의 행할 길을 지시하신 자니라"(신 1:33).

실로 성경에 이스라엘의 12지파가 한 곳에 결집한 장소는 그들이 성막과 성막 기구들을 제작한 이후 시내 광야를 떠났을 때부터였다(민 10:11, 12). 그것은 시내 광야를 떠나 다음 광야에 도착한 첫 장소부터 이스라엘 백성이 성막 중심으로 동서남북 세 지파씩 지파별로 장막을 치도록 했기 때문이다(민 2:1-34). 그렇다면 이스라엘은 시내 광야를 떠난 이후 200만 명이 결집할 수 있는 첫 번째 장소인 '기브롯 핫다아와'에서부터 장막을 친 것으로 볼 수 있다.

3. 금송아지 형상을 안치한 돌 제단에 대한 반증

신 출애굽 루트 주장자는 사우디아라비아의 라오즈 산 부근에 넓고 큰 바위 둘레에 새겨진 황소 형상을 보고 금송아지 우상을 안치한 돌 제단이라고 주장한다. 그렇다면 성경에 근거하여 금송아지 우상을 안치한 돌 제단인지를 살펴보자. 이스라엘 백성이 시내 산에서 체류한 기간은 11개월 5일이다. 시내 광야에 머문 백성들의 행적을 추적해 보면 두 기간으로 나눌 수 있다.

1) 모세가 시내 산에 등정한 기간

여기서 이스라엘 백성이 금송아지 우상을 제작한 시점을 살펴보고, 또 그들이 황소 형상을 암각화하지 않은 몇 가지 정황들을 살펴보려고 한다.

① 금송아지 우상을 제작한 시점을 살펴보자

ⅰ. 모세가 40일간 시내 산 등정 중에 '더디' 하산했다고 하였다.

"백성이 모세가 산에서 내려옴이 '더딤'을 보고…"(출 32:1).

ⅱ. 아론이 '금을 모으는' 데 시간이 소요되었다.

"아론이 그들에게 이르되 너희 아내와 자녀의 귀의 금고리를 빼어 '내게로 가져 오라' 모든 백성이 그 귀에서 금고리를 빼어 아론에게로 가져오매"(출 32:2, 3).

iii. 금을 '제련'하는 시간과 금송아지 우상을 제작(조각)하는 시간이 소요되었다.

"아론이 그들의 손에서 '그 고리를 받아 부어서' '각도로 새겨' 송아지 형상을 만드니 그들이 말하되 이스라엘아 이는 너희를 애굽 땅에서 인도하여 낸 너희 신이로다 하는지라"(출 32:4).

"내가 그들에게 이르기를 금이 있는 자는 빼어내라 한즉 그들이 그것을 내게로 가져왔기로 내가 불에 던졌더니 이 송아지가 나왔나이다"(출 32:24).

iv. 하나님이 모세에게 시내 산을 하산하라 하실 때가 모세가 산에 있은 지 40일째가 되는 날이다.

"모세는 구름 속으로 들어가서 산 위에 올랐으며 '사십일 사십야'를 산에 있으니라"(출 24:18).

"여호와께서 모세에게 이르시되 '너는 내려가라' 네가 애굽 땅에서 인도하여 낸 네 백성이 부패하였도다"(출 32:7).

v. 금송아지를 제작한 후 다음날을 여호와의 절일로 공포하였다.

위의 구절들을 감안하면 모세가 시내 산에서 하산하기 하루 전에 금송아지 형상을 완성한 것으로 보인다. 모세는 40일째 되는 날 시내 산에서 하산할 때 아론이 금송아지를 세워두고 '여호와의 절일'이라 공포함으로써 이에 백성들이 먹고 마시고 춤추는 광경을 목격하였기 때문이다.

"아론이 보고 그 앞에 단을 쌓고 이에 공포하여 가로되 내일은 여호와의 절일이니라 하니"(출 32:5).

"이튿날에 그들이 일찍이 일어나 번제를 드리며 화목제를 드리고 앉아서 먹고 마시며 일어나서 뛰놀더라"(출 32:6).

② 황소 형상을 암각화한 시점을 살펴보자

ⅰ. 하나님이 강림하신 시내 산 광경의 공포로 황소의 형상을 암각화할 수 없었다고 본다.

시내 산을 등정한 모세가 십계명을 하사받을 시, 아니 하나님이 강림하실 때 시내 산에서 불과 우레와 번개와 나팔소리와 연기(암흑)로 공포를 느낀 백성들은 자신이 죽을까 두려워했었다. 이로 보아 백성들이 시내 산 주변에서 과연 황소 형상을 암각화할 수가 있었을까?

"시내 산에 연기가 자욱하니 여호와께서 불 가운데서 거기 강림하심이라 그 연기가 옹기점 연기같이 떠오르고 온 산이 크게 진동하며"(출 19:18).

"뭇 백성이 우레와 번개와 나팔소리와 산의 연기를 본지라 그들이 볼 때에 떨며 멀리 서서 모세에게 이르되 당신이 우리에게 말씀하소서 우리가 들으리이다 하나님이 우리에게 말씀하시지 말게 하소서 우리가 죽을까 하나이다"(출 20:18, 19).

ii. 백성들이 금송아지 우상을 제작할 무렵 황소의 형상을 암각화하지 않았다.

그것은 금송아지 우상을 제작한 다음날 아론이 번제를 드리고 '여호와의 절일(축제)'로 선포함으로써 돌 제단의 주변을 중심한 수많은 백성이 먹고 마시고 춤추는 상황이었다. 어찌 그 시간에 바위 주변에서 정으로 쪼아 황소 형상을 새길 수 있겠는가?

"아론이 보고 그 앞에 단을 쌓고 이에 공포하여 가로되 내일은 여호와의 절일이니라 하니 이튿날에 그들이 일찍이 일어나 번제를 드리며 화목제를 드리고 앉아서 먹고 마시며 일어나서 뛰놀더라"(출 32:5, 6).

그리고 위의 ①에서 i, ii, iii, iv, v.를 보아도(참고, 인용구) 황소 형상의 암각화 조짐은 없었고, 성경 역시 황소 형상을 바위에 새겼다는 기사도 없다. 또한 모세는 백성들이 금송아지 우상을 하나님으로 삼고 그것에 도취되었을 그 시에 하산하였기 때문이다.

iii. 모세가 시내 산에서 하산한 이후에도 황소의 형상을 암각화하지 않았다.

모세가 시내 산에서 40일째 되는 날 하산하였을 때 금송아지 형상과 더불어 먹고 마시고 춤추는 백성을 향해 던진 두 돌판이 깨어지고 말았다. 그리고 금송아지를 불살라 가루를 내어 백성에게 마시게 하였다(신 9:21). 또 모세는 레위 자손을 명하여 그날에 3,000명 가량의 백성을 죽임으로써 이 사건이 삽시간에 퍼져 백성들을 공포의 도가니로 몰아넣었다. 이 와중에 백성들이 어찌 황소 형상을 암각화할 수 있겠는가? 이로 보아 모세가 시내 산에서 하산한 이후 금송아지 숭배로 인한 도륙 사건으로 인해 백성들이 황소의 형상을 암각화할 수가 없었다고 본다.

"여호와께서 또 모세에게 이르시되 내가 이 백성을 보니 목이 곧은 백성이로다 그런즉 나대로 하게 하라 내가 그들에게 진노하여 그들을 진멸하고 너로 큰 나라가 되게 하리라"(출 32:9, 10).

"진에 가까이 이르러 송아지와 그 춤추는 것을 보고 대노하여 손에서 그 판들을 산 아래로 던져 깨뜨리니라 모세가 그들의 만든 송아지를 가져 불살라 부수어 가루를 만들어 물에 뿌려 이스라엘 자손에게 마시우니라"(출 32:19, 20).

"레위 자손이 모세의 말대로 행하매 이날에 백성 중에 삼천 명 가량이 죽인 바 된지라"(출 32:28).

위의 구절들에 대한 여러 정황을 보면, 모세가 시내 산 등정이나 하산 이후에도 백성들이 황소의 형상을 바위에 새길 수 없었음을 알 수 있다.

iv. 잠시 등대의 암각화를 살펴보자.

신 출애굽 루트 주장자는 황소 형상이 새겨진 바위 부근에서 또 다른 바위에 새겨진 등대 형상을 발견하고 이스라엘 백성이 시내 산이라는 라오즈 산에 머물면서 황소와 등대 형상을 새겼다고 한다. 황소 형상과 등대 형상이 주변에 새겨진 장소로 보아 이스라엘이 새긴 암각화가 아니다.

하지만 중요한 사실은 황소 형상과 등대 형상이 한 장소에서 발견되었다는 것은 이스라엘이 암각화하지 않은 결정적인 증거를 제공한다 하겠다. 황소와 등대의 두 형상을 암각화한 시점을 보자. 하나님은 시내 산에서 율법과 성막을 계시하셨다. 성막과 성막 안의 기구들은 제조 기술자들이 제작하는 동안에 백성들은 십계명과 안식일의 교육과 율법과 율례를 배웠던 것이다.

"하나님이 이 모든 말씀으로 일러 가라사대 나는 너를 애굽 땅 종 되었던 집에서 인도하여 낸 너의 하나님 여호와로라 너는 나 외에는 다른 신들을 네게 있게 말지니라 너를 위하여 새긴 우상을 만들지 말고 또 위로 하늘에 있는 것이나 아래로 땅에 있는 것이나 땅 아래 물속에 있는 것의 아무 형상이든지 만들지 말며 그것들에게 절하지 말며 그것들을 섬기지 말라 나 여호와 너의 하나님은 질투하는 하나님인즉 나를 미워하는 자의 죄를 갚되 아비로부터 아들에게로 삼사 대까지 이르게 하거니와 나를 사랑하고 내 계명을 지키는 자에게는 천 대까지 은혜를 베푸느니라 너는 너의 하나님 여호와의 이름을 망령되이 일컫지 말라 나 여호와는 나의 이름을 망령되이 일컫는 자를 죄 없다 하지 아니하리라 안식일을 기억하여 거룩히 지키라 제칠일은 너의 하나님 여호와의 안식일인즉 너나 네 아들이나 네 딸이나 네 남종이나 네 여종이나 네 육축이나 네 문안에 유하는 객이라도 아무 일도 하지 말라 이는 엿새 동안에 나 여호와가 하늘과 땅과 바다와 그 가운데 모든 것을 만들고 제칠일에 쉬었음이라 그러므로 나 여호와가 안식일을 복되게 하여 그날을 거룩하게 하였느니라 네 부모를 공경하라 그리하면 너의 하나님 나 여호와가 네게 준 땅에서 네 생명이 길리라 살인하지 말지니라 간음하지 말지니라 도적질하지 말지니라 네 이웃에 대하여 거짓 증거하지 말지니라 네 이웃의 집을 탐내지 말지니라 네 이웃의 아내나 그의 남종이나 그의 여종이나 그의 소나 그의 나귀나 무릇 네 이웃의 소유를 탐내지 말지니라"(출 20:1-17).

"모세가 와서 여호와의 모든 말씀과 그 모든 율례를 백성에게 고하매 그들이 한 소리로 응답하여 가로되 여호와의 명하신 모든 말씀을 우리가 준행하리이다"(출 24:3).

"너는 이스라엘 자손에게 고하여 이르기를 너희는 나의 안식일을 지키라 이는 나와 너희 사이에 너희 대대의 표징이니 나는 너희를 거룩하게 하는 여호와인 줄 너희로 알게 함이라 너희는 안식일을 지킬지니 이는 너희에게 성일이 됨이라 무릇 그날을 더럽히는 자는 죽일지며 무릇 그날에 일하는 자는 그 백성 중에서 그 생명이 끊쳐지리라"(출 31:13, 14).

"애굽 땅에서 나온 다음 해 정월에 여호와께서 시내 광야에서 모세에게 일러 가라사대 이스라엘 자손으로 유월절을 그 정기에 지키게 하라 그 정기 곧 이달 십사 일 해질 때에 너희는 그것을 지키되 그 모든 율례와 그 모든 규례대로 지킬지니라 모세가 이스라엘 자손에게 명하여 유월절을 지키라 하매 그들이 정월 십사 일 해질 때에 시내 광야에서 유월절을 지켰으되 이스라엘 자손이 여호와께서 모세에게 명하신 것을 다 좇아 행하였더라"(민 9:1-5).

이제 등대의 형상이 바위에 새겨지기까지 그 과정을 살펴보자. 성막 계시를 받은 모세는 1차로 제조 기술자들을 차출하여 성막과 기구들을 제작할 때 모세의 지시에 따라 제작하였다. 이때는 기구들을 제작한 기술자들만 등대의 형태가 어떠함을 알았을 것이다.

"브살렐과 오홀리압과 및 마음이 지혜로운 사람 곧 여호와께서 지혜와 총명을 부으사 성소에 쓸 모든 일을 할 줄 알게 하심을 입은 자들은 여호와의 무릇 명하신 대로 할 것이니라 모세가 브살렐과 오홀리압과 및 마음이 지혜로운 사람 곧 그 마음에 여호와께로 지혜를 얻고 와서 그 일을 하려고 마음에 원하는 모든 자를 부르매"(출 36:1, 2).

2차로는 성막과 기구들을 제작한 기술자들에 의해 기구들의 형태가 백성에게 구두(口頭)로 전해졌을 것이다. 제사장만이 들어갈 수 있는 성막이라면, 일반 백성은 성막 안의 기구들이 어떤 형태로 제작되었는지 알 리가 없었다. 그렇다면 제조 기술자들이 성막과 기구들을 제작한 후에 등대의 모양이 백성에게 전해졌을 것이 확실하다. 따라서 순차적인 과정은 먼저 금송아지 사건이 발생한 이후, 성막과 성막 기구들을 제작한 것을 알 수 있다.

모세가 시내 산 등정 기간이나 하산 이후도 정황상 황소 형상을 암각화 할 수 없었다고 한다면, 그 무렵 등대 모양도 바위에 새길 수 없었다. 위의 ii, iii.에서 언급한 바, 백성들이 황소 형상을 암각화 할 수 없는 과정을 설명했다. 시내 산 광경의 공포와 금송아지 우상숭배로 인한 하나님의 진노로 수많은 백성들의 도륙 등으로 황소의 형상을 새기기는커녕 등대의 형상도 바위에 새길 수 없기 때문이다. 당시의 여러 정황을 볼 때 시내 광야(시내 산)에서 11개월 5일을 머무는 동안 황소와 등대의 형상만 아니라 그 밖에 다른 형상도 새길 수 없었음을 알 수 있다.

모세가 시내 광야에서 백성들에게 하나님의 모든 말씀을 가르칠 때 백성은 하나님의 모든 말씀을 준행하겠다고 확고히 대답했었다. 여기는 십계명 중 둘째 계명인 "우상을 만들거나 새기지 말라"는 말씀도 물론 포함되어 있다. 그들은 금송아지 우상숭배로 인한 도륙 사건을 통해 잘못을 뼈저리게 느꼈을 것이다.

"모세가 와서 여호와의 모든 말씀과 그 모든 율례를 백성에게 고하매 그들이 한 소리로 응답하여 가로되 여호와의 명하신 모든 말씀을 우리가 준행하리이다"(출 24:3).

정리하면 성막 계시를 받은 모세는 제조 기술자들에게 성막과 기구들의 형태를 지시했고, 또 기구들을 제작한 기술자들은 등대의 모양을 백성에게 전하게 되었다. 이로 보아 두 형상을 암각화한 시점이 확연히 드러난다 하겠다. 그러면 왜, 황소와 등대가 같은 장소에 암각화 되었는가 하는 것이 의문이 남는다. 황소와 등대 형상은 분명 누군가에 의해 바위에 새겨졌을 것이다. 그렇다면 이는 모세 시대가 아니라 훗날 출애굽 사건을 구전으로 전해들은 아라비아의 베두인들이 그 형상들을 암각화한 것이 분명하다. 현재도 베두인들은 모세를 자기들의 조상으로 믿고 출애굽 사건을 가슴에 소중히 담고 있다.

《떨기나무》[19] 저서에서도 베두인들은 모세를 자기들의 조상이라 자랑한다고 하였다. 그러나 베두인들은 아브라함의 첩 하갈과 사라의 사후에 얻은 후처 그두라의 후손들이다. 그들은 오늘날 아라비아 반도 내륙부를 중심으로 시리아·북아프리카 등지의 사막에서 아랍계 유목민으로 살아가고 있다. 실로 모세는 이스라엘 백성의 조상이다. 거슬러 올라가면 야곱(이스라엘)과 이삭, 그리고 아브라함이 조상이 된다.

19) 《떨기나무》 저자 김승학, 출판사 두란노 서원, 초판 발행일 2007년 5월 5일자.

2) 모세가 시내 산에서 하산한 이후의 기간

모세가 두 번의 시내 산을 등정한 80일(출 24:18, 34:28) 이후 시내 광야에서의 남은 체류기간 8개월 15일간은 구약 오경(五經)이 부분적으로 기록되는 시점이었다. 그것은 십계명과 율법과 율례 등이다. 이로써 백성들은 십계명을 비롯해 율법과 율례 등을 배워야 했다(출 20:1-17, 24:3; 민 9:3). 그리고 백성들은 하나님의 모든 말씀을 준행하겠다고 다짐까지 했었다.

> "모세가 와서 여호와의 모든 말씀과 그 모든 율례를 백성에게 고하매 그들이 한 소리로 응답하여 가로되 여호와의 명하신 모든 말씀을 우리가 준행하리이다"(출 24:3).
>
> "그 정기 곧 이달 십사 일 해질 때에 너희는 그것을 지키되 그 모든 율례와 그 모든 규례대로 지킬지니라"(민 9:3).

또한 하나님의 임재를 상징하는 성막과 기구들 및 제사장 의복 등을 제작하기 위해 백성들이 금과 보석을 헌물로 바쳤으며, 그리고 백성들은 하나님을 섬김과 이웃 사랑에 대한 하나님의 율법과 율례와 법도를 공부하는 데 분주하였던 것이다.

> "그들이 일이 있으면 내게로 오나니 내가 그 양편을 판단하여 하나님의 율례와 법도를 알게 하나이다"(출 18:16).
>
> "그들에게 율례와 법도를 가르쳐서 마땅히 갈 길과 할 일을

그들에게 보이고"(출 18:20).

"그 후에야 온 이스라엘 자손이 가까이 오는지라 모세가 여호와께서 시내 산에서 자기에게 이르신 말씀을 다 그들에게 명하고"(출 34:32).

십계명 중 둘째 계명은 "너를 위하여 새긴 우상을 만들지 말고 또 위로 하늘에 있는 것이나 아래로 땅에 있는 것이나 땅 아래 물속에 있는 것의 아무 형상이든지 만들지 말며 그것들에게 절하지 말며 그것들을 섬기지 말라 나 여호와 너의 하나님은 질투하는 하나님인즉 나를 미워하는 자의 죄를 갚되 아비로부터 아들에게로 삼사 대까지 이르게 하거니와"라고 하였다(출 20:4, 5).

여기서 "새긴 우상"과 "아무 형상"과는 차이가 있다. "새긴 우상"(פֶּסֶל, 페쎌)이란 '바위에 새긴 초상'을 뜻한다. 이는 바위에 글을 새기듯이 사람이나 짐승의 형상을 새겨서 섬기지 말라는 말이다. 해서 백성들이 우상을 만들거나 바위와 나무에 새긴 형상을 만드는 경우는, 하나님은 자기를 미워하는 죄목을 적용시켜 아비로부터 아들에게로 삼사 대까지 죄를 묻겠다는 저주의 둘째 계명이었기 때문에, 백성들은 바위에 새기는 형상에 대하여 맹세코 금했을 것이다(출 24:3). 이로 보아 십계명을 받은 초기는 금송아지 사건 발발로 인해 백성이 바위에 어떤 형상을 새기기는커녕 암각화는 엄두조차 내지 못했을 것이다.

3) 황소가 새겨진 바위가 금송아지를 안치한 돌 제단

신 출애굽 루트 주장자는 라오즈 산 부근 바위에 새겨진 황소의 암각화를 보고 이스라엘 백성이 금송아지 우상을 안치한 돌 제단이라고 주장한다. 돌 제단의 크기가 가로, 세로가 10m×5m, 높이는 4~5m라고 한다. 단지 바위에 황소의 형상이 새겨졌다는 사실 때문에 그 바위가 금송아지를 안치한 바위라고 한다. 하지만 성경은 금송아지를 안치한 돌단이 한 개의 돌단이 아니라 여러 개를 쌓은 돌단을 말하고 있다.

성경은 금송아지 우상을 안치한 돌 제단에 대하여 "아론이 보고 그 앞에 단을 쌓고"(출 32:5)라며 말씀한다. 백성들은 아론이 보는 앞에 돌단을 쌓았다고 하였다. 여기서 "단을 쌓고"라고 하였는데, 원어 '쌓고'(בָּנָה, 바나)란 '건축하다', '쌓다', '건설하다'라는 뜻이다. 이는 바벨탑을 쌓을 때(창 11:5)와 성벽을 쌓아 올릴 때(대상 11:8), 그리고 일곱 단을 쌓을 때도 בָּנָה(바나)로 쓰였다.

'바나'는 일반적으로 제사를 드리는 것과는 달리 여러 개의 돌단을 쌓은 것을 말한다. 단순히 하나로 된 판판한 돌이 아닌 여러 개의 돌이 포개진 돌단이다. 그렇다면 백성들이 멀리서도 금송아지를 볼 수 있게 여러 개의 돌로 높이 쌓은 것을 알 수 있다. 돌 제단을 쌓았다는 것은, 무엇보다도 금송아지 형상을 여호와로 신격화함으로써 백성이 우러러 보게 하기 위한 의미가 짙다 하겠다. 다시 말해 기초적인 큰 돌단 위에 금송아지 형상을 안치할 판판한 큰 돌을 여러 개

쌓은 것이다. 금송아지 형상을 여호와의 신으로 인식한 백성이라면 금송아지를 안치할 돌단을 그리 허술하게 쌓지는 않았을 것이다. 아무튼 금송아지를 안치한 돌단은 원어상 여러 개의 돌단을 쌓았다고 증거하고 있다.

돌 제단을 정리해 보자. 시내 산의 웅장한 광경을 목격한 백성들은 하나님의 위대하심에 경외, 그리고 공포에 압도될 수밖에 없었다. 금송아지 숭배로 인해 하나님의 진노에 따른 3,000명 가량의 살육은 그들에게는 공포 자체였다(출 32:28). 당시 백성들이 "새긴 우상을 만들지 말라"는 십계명 중 둘째 계명에 입각하였을 것이라고 보면, 여러 형상을 바위에 새긴다는 것은 죽음을 자초하는 일이다. 만약 이스라엘 백성이 황소나 등대의 형상들을 바위에 새겼다면, 하나님께로부터 그 즉시 징계를 받았을 것이다.

일련의 사태를 볼 때 이스라엘 백성이 황소와 등대의 형상을 비롯한 여러 형상을 암각화했다는 것은 성경의 정황상 불가하다 하겠다. 더구나 "아론이 보고 그 앞에 '단을 쌓고'"라는 데에서 라오즈 산 부근 바위에 새겨진 황소의 암각화는 라오즈 산이 시내 산이 아님도 증명하고 있다. 성경에는 이스라엘 백성이 황소와 등대의 형상, 그리고 여러 형상을 바위에 새겼다는 증거가 없다.

4. 우뚝 솟은 두 개의 바위에 대한 반증

1) 바위에서 생수를 낸 르비딤 지역과 시내 산

출애굽기 17장 1-6절은 이스라엘 백성이 르비딤에 장막을 쳤으나 백성이 마실 물이 없어 원망했었다. 이에 모세가 하나님께 부르짖었을 때, 그의 기도를 들으신 하나님이 장로들을 데리고 가서 손에 쥔 지팡이로 호렙 산 반석을 치라는 하나님의 명대로 반석을 치자 물이 솟은 사건이다.

신 출애굽 루트 주장자는 사우디아라비아의 라오즈 산 부근에 우뚝 솟아 두 개로 갈라진 바위가 있는 장소가 르비딤이라고 한다. 그래서 장막을 친 르비딤과 호렙 산(시내 산)이라는 라오즈 산을 한 지역으로 본다. 그리고 두 개로 갈라진 바위와 출애굽기 17장 1-6절을 연관시켜 설명한다.

시내 산과 르비딤 지역을 살펴보자. 반석에서 생수를 낸 사건의 내용을 독자가 이해하기 쉽게 한 구절씩 나열해 보려고 한다.

"이스라엘 자손의 온 회중이 여호와의 명령대로 신 광야에서 떠나 그 노정대로 행하여 르비딤에 장막을 쳤으나 백성이 마실 물이 없는지라"(출 17:1).

"백성이 모세와 다투어 가로되 우리에게 물을 주어 마시게 하라 모세가 그들에게 이르되 너희가 어찌하여 나와 다투느냐 너희가 어찌하여 여호와를 시험하느냐"(출 17:2).

"거기서 백성이 물에 갈하매 그들이 모세를 대하여 원망하여 가로되 당신이 어찌하여 우리를 애굽에서 인도하여 내어서 우리와 우리 자녀와 우리 생축으로 목말라 죽게 하느냐"(출 17:3).

"모세가 여호와께 부르짖어 가로되 내가 이 백성에게 어떻게 하리이까 그들이 얼마 아니면 내게 돌질하겠나이다"(출 17:4).

"여호와께서 모세에게 이르시되 백성 앞을 지나가서 이스라엘 장로들을 데리고 하수를 치던 네 지팡이를 손에 잡고 가라"(출 17:5).

"내가 거기서 호렙 산 반석 위에 너를 대하여 서리니 너는 반석을 치라 그것에서 물이 나리니 백성이 마시리라 모세가 이스라엘 장로들의 목전에서 그대로 행하니라"(출 17:6).

신 출애굽 루트 주장자는 위의 1절에서 '르비딤'에 장막을 친 이스라엘 백성이 마실 물이 없어 모세를 원망했다는 내용에 이어 6절에 "호렙 산 반석"이 기록된 것으로 인해 르비딤과 호렙 산을 한 지역으로 본다. 그것은 사우디아라비아에 호렙 산(시내 산)이라는 라오즈 산과 두 개로 갈라진 큰 바위가 한 지역에 있다는 이유 때문에 출애굽기 17장 1-6절의 내용과 연관을 짓는다. 그는 라오즈 산과 그 부근에 두 개로 갈라진 큰 바위가 모세가 십계명을 받은 진짜 시내 산이며 모세가 지팡이로 쳐서 물을 낸 진짜 반석이라고 주장한다. 그것은 모세가 르비딤에서 장로들을 데리고 호렙 산 반석이 있는 곳으로 갈 때 '백성 앞을 지나갔다'(5절)고 언급하며 르비딤과 호렙 산은 가까운 거리로 한 지역이라고 단정한다.

하지만 성경은 르비딤과 호렙 산은 두 지역임을 분명히 밝히고 있다. 출애굽기 17장 1절에 이스라엘 백성은 '르비딤에 장막을 쳤다'고 하였으며, 6절에는 모세와 장로들이 걸어갔던 '호렙 산(시내 산) 반석'을 언급하였고, 또한 모세가 하나님의 지시대로 '장로들의 목전에서 그대로 행했다'고 하였다. 언뜻 보기는 르비딤과 호렙 산이 같은 지역으로 보이지만 엄연히 두 지역으로 나뉘어 있다.

출애굽기 17장 5절을 살펴보면 "여호와께서 모세에게 이르시되 '백성 앞을 지나가서' 이스라엘 장로들을 데리고 하수를 치던 네 지팡이를 손에 잡고 가라"고 하셨다. "백성 앞을 지나가서"라는 글귀에 따라 르비딤과 호렙 산이 동일 지역이냐, 또는 다른 지역이냐를 판가름 짓는 중요한 구절이라 하겠다.

"백성 앞을 지나가서"란, 르비딤에 장막을 친 백성을 그곳에 머물게 한 채 모세와 장로들이 호렙 산에 있는 반석을 향하여 걸어갔음을 말한다. 불신이 팽배한 백성들과 이동하기보다 장로들을 대동한 것은 목격자로 삼기 위해서였다. 르비딤과 호렙 산과의 거리는 가까우면서도 조금 떨어진 두 지역이라 할 수 있다. 그것은 성경에 이스라엘 백성이 르비딤에 장막을 친 다음, 시내 광야(시내 산=호렙 산)에 장막을 쳤다고 했기 때문이다.

신학자들은 르비딤을 시내 산 북서쪽 20km 지점에 위치한 현재의 '와디 페이란'(Wadi Feiran)으로 추정하며(Stanley, Rawlinson), 신학자 케일(Keil)은 르비딤은 호렙 산과 거리가 하룻길 정도의 위치에 있다고 한다.[20] 하여튼 성경은 르비딤과 시내 산(시내 광야)이 분명 두 지역이라 말한다. 그래서 이스라엘은 르비딤 지역에 장막을 쳤고 이어 시내 광야에 장막을 쳤다고 하였다. 정리하면 출애굽기 17장 1-6절과 출애굽기 19장 1, 2절과 민수기 33장 14, 15절 세 구절은 성경 안에서 상호 보완해 주는 구절들이라 하겠다.

"이스라엘 자손의 온 회중이 여호와의 명령대로 신 광야에서 떠나 그 노정대로 행하여 르비딤에 장막을 쳤으나 백성이 마실 물이 없는지라"(출 17:1).

"이스라엘 자손이 애굽 땅에서 나올 때부터 제 삼월 곧 그때에 그들이 시내 광야에 이르니라 그들이 르비딤을 떠나 시내 광야에 이르러 그 광야에 장막을 치되 산 앞에 장막을 치니라"(출 19:1, 2).

"알루스에서 발행하여 르비딤에 진쳤는데 거기는 백성의 마실 물이 없었더라 르비딤에서 발행하여 시내 광야에 진쳤고"(민 33:14, 15).

이제 반석에서 생수를 낸 르비딤 지역과 시내 산과의 거리와 위치

20) 《그랜드 종합주석》 출애굽기 p. 237

에 대하여 정리해 보려고 한다. 시내 산이라는 라오즈 산과 두 개로 갈라진 큰 바위가 한 지역에 있다는 것은 라오즈 산이 시내 산이 아니요, 두 개로 갈라진 큰 바위가 모세가 지팡이로 쳐서 생수를 낸 반석이 아니라는 사실을, 도리어 사우디아라비아의 라오즈 산 그 지역 자체가 증명해 주고 있다. 그래서 라오즈 산과 두 개로 갈라진 큰 바위는 출애굽 루트의 역사적인 장소가 아닐 뿐 아니라 성경적 사실도 아님을 성경이 입증해 주고 있다. 성경은 정확무오한 하나님의 말씀임을 믿어야 한다. 한 번 더 강조하지만, 이스라엘 백성은 르비딤과 시내 광야 두 지역에서 각각 장막을 쳤다고 하였다.

2) 두 개로 갈라진 큰 바위의 공혈 자국

신 출애굽 루트 주장자는 라오즈 산 아래 두 개로 갈라진 큰 바위가 모세가 르비딤에서 지팡이로 쳐 생수를 낸 반석이라 주장한다. 동영상을 보면, 우뚝 솟은 큰 바위에서 부서져 아래로 굴러 떨어진 작은 바위와 돌멩이가 수없이 쌓여 있다. 뿐만 아니라 두 개로 갈라진 큰 바위의 아래 부분 사이에 바위가 움푹 파여 파문(波紋) 같은 자국이 물이 터져 나온 구멍이라고 한다.

하지만 두 개로 갈라진 큰 바위는 용암구(鎔巖丘)로 솟구칠 때 솟은 바위로 용암이 냉각되면서 바위가 갈라진 사이로 침식되어 생긴 것에 불과하다. 원래 용암구로 형성된 바위산이 수억 년 동안, 아니 더 오랜 세월의 풍화 작용으로 나타난 현상이다(과학적 관점). 그리고 큰 바위 아래에 생수가 솟았다는 공혈(孔穴) 자국이 있다. 이는 지표면에 용암구로 솟구칠 때 용암이 분출되면서 큰 바위에 생긴 공혈 자국이다. 화산에서 분출한 마그마로 용암에 의해 생긴 구멍 자국이다. 쉽게 말하면 숨구멍 같은 것이다.

시내 산에서 머문 11개월 5일 동안 바위 구멍에서 솟은 물이 사포로 문지른 것처럼 깨어져 모난 바위 구멍을 그리 매끄럽게 만들 수 있을까? 이는 가능성이 0%로 의문이 들 수밖에 없다. *(신 출애굽 루트의 동영상). 바위에 움푹 파여 물이 솟았다는 부분에 대하여는 용암에 의한 공혈인지 물이 터져 생긴 공혈인지를 지질학자가 조사하면 금방 밝혀질 것이다.

신 출애굽 루트 주장자는 라오즈 산 아래 두 개로 갈라진 큰 바위가 모세가 지팡이로 쳐서 갈라진 바위라고 주장하지만 실은 생수가 솟은 바위가 아니다. 이는 추정에 불과한 것이지 성경적 사실이 아니다. 이와 유사한 바위는 세계 각 도처에서 적지 않게 찾아볼 수 있다. 계곡이든 바위이든 그 형태를 보면, 그랜드 캐니언과 브라이스 캐니언, 자이언 캐니언, 레드록 캐니언 등이 있고, 폭포도 나이아가라 폭포와 이과수 폭포, 그리고 빅토리아 폭포 등이 있다.

특히 중국의 장량산(824m) 정상 위에 200m의 높이로 우뚝 솟은 거대한 바위는 한가운데로 갈라져 있다. 갈라진 바위 사이로 한 사람이 지나갈 만한 길이 나 있다. 이 바위는 풍화작용으로 침식되었는데 유네스코에 등재되어 있다. 사우디아라비아의 라오즈 산 부근에 생수가 솟았다고 하는 두 개로 쪼개진 바위와 거의 유사하다. 바위의 크기만 차이가 있을 뿐 형제 바위라 해도 거의 다를 바가 없다.

만약 중국의 장랑산 정상에 우뚝 솟아 갈라진 바위가 사우디아라비아든지 시나이 반도에 있다고 하면 아마 이 바위를 지목했을지도 모른다. 세계적으로 유사한 바위나 폭포, 그리고 자연적인 지형지물들이 수없이 많음을 인식해야 한다.

라오즈 산 부근에 두 개로 갈라진 바위에서 생수가 솟았다는 것은 성경에 근거가 없다. 뿐만 아니라 '고운 모양도 없고 풍채도 없는 우리가 보기에 흠모할 만한 아름다운 것이 없는'(사 53:2), 즉 보잘것없는 예상 밖의 바위가 쪼개져 생수가 솟구쳤는지 누가 알겠는가?

제5장 홍해 해저와 기념비에 대한 진위(眞僞)

1. 아카바 만 홍해 도하에 대한 반증

신 출애굽 루트의 주장자들은 이스라엘 백성이 ⓑ아카바 만 홍해 앞 비하히롯이라는 뉴웨이바에서 바다를 건넜다고 주장한다. 그들은 ⓑ아카바 만 홍해 도하에 대하여 과학적인 자료를 가지고 입증하며 하나님은 수심이 얕은 바다 쪽을 선택하여 큰 동풍으로 밤새도록 바닷물을 밀어붙여 이스라엘 백성이 건넜다고 한다.

이에 대하여 구글 어스(Google earth)를 통해 ⓑ아카바 만과 ⓐ수에즈 만 홍해의 해저(海底)를 조사해 보았다. 구글(Google)은 세계적으로 신뢰를 받는 기업인 바, 인공위성에서 촬영한 지도에 해발과 해저를 과학적인 미터(m)로 조사하여 세계 각국에 제공하고 있다. 구글

에서 제공하는 위성 지도로 ⓐ수에즈 만 홍해와 ⓑ아카바 만 홍해의 해저를 살펴보았다.[21)]

1) 아카바 만 홍해의 해저(海底)를 조사한 결과

ⓑ아카바 만 홍해 끝자락에 위치한 에시온 게벨의 바닷가에서 남쪽 아래로 추적한 결과, 수심이 얕은 물로 시작하여 남쪽 기존 시내산이 있는 방향으로 내려가면서 바다가 점차 깊어진다. 다시 말해 에시온 게벨에 얕은 바다 1~2m의 물로 시작하여 점차적으로 100m, 200m의 깊이로 내려가는데 남쪽 ⓑ아카바 만 끝까지 갈수록 해저 1,300m까지 깊어진다.

또한 이스라엘 백성이 ⓑ아카바 만 홍해를 도하했다는 비하히롯이라는 뉴웨이바에서 사우디아라비아의 바다 맞은편까지 수심을 조사했다. 삼각주가 있는 뉴웨이바(현 시나이 반도)에서 바다 맞은편(사우디아라비아)까지 도하했다는 지점에 바다의 폭은 14km 정도이고, 서쪽에서 동쪽으로 그곳 수심은 1~2m로 시작하여 바다의 중간 수심이 500m 정도였으며 3분의 2 정도 지나서는 차츰차츰 깊어져 700m에서 890m까지 바다가 깊어지다가 뉴웨이바 건너편 내륙에 가까이 다가가면서 수심이 1~2m로 점차 낮아졌다. 수심 조사의 결과에 따르

---

21) 필자의 컴퓨터는 23인치의 모니터로 두 홍해의 해저 조사를 위해 모니터 좌우에 닿을 만큼 수에즈 만과 아카바 만을 각각 확대시켜 바다의 전체 길이에서 상하(上下)는 모니터에 나타난 부분을 단계별로 나누어 마우스로 가로와 세로에 거쳐 1밀리미터(mm) 사이로 촘촘하게 세 차례를 2시간 이상씩, 즉 5시간 이상의 시간을 소요하며 해저를 조사한 결과 수에즈 만 홍해 도하가 유력해졌다. 이 조사가 정확하다고 볼 수 없지만 근사치는 될 것으로 본다.

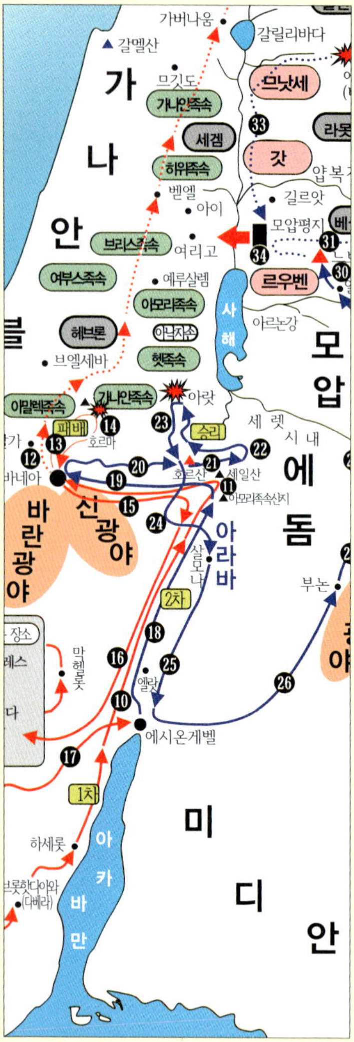

면 ⓑ아카바 만 홍해는 이스라엘 백성이 건널 수 없는 바다로 구글 위성 지도를 통해 밝혀졌다.

성경은 이 지역이 험한 계곡임을 말한다. 북쪽 갈릴리 바다에서 남쪽 사해 바다까지 직선을 그어 MRI를 찍듯이 단면도를 보면, 내륙 지형이 급경사로 험해 갈릴리 바다에서 요단 강 하류 사해에 가깝게 가면서 해수면보다 200m에서 300m까지 지면이 낮아진다. 지중해와 요단 강 사이에는 북에서 남으로 해발 약 150m에서 700m까지 산맥을 이루듯 하고 있다. 게다가 남쪽 ⓑ아카바 만 홍해까지 바다 속에 계곡을 이룬다. 이는 지형이 형성될 때 갈릴리 바다에서 요단 강을 지나 사해에 이르러 ⓑ아카바 만 홍해의 해저까지 연결된 계곡의 고리로 볼 수 있겠다.

성경에 갈릴리 바다와 사해와 ⓑ아카바 만 홍해를 수직으로 그어보면 계곡의 고리로 불릴 만한 부분임을 알 수 있다. 하나님이, 이스라엘이 사해 바다 아래 호르 산에서 홍해 길로 좇아[22] 에돔 땅으로 둘러 행하려(아라바 부근 지역) 하다가 길이 험

22) 지도상에는 지면의 한계로 호르 산에서 홍해 길 방향을 우회적으로 표시하였다(24번 경로).

해 불평했던 백성에게 불뱀들을 보내어 징계를 했던 계곡을 보아도 잘 알 수 있다.

"백성이 호르 산에서 진행하여 홍해 길로 좇아 에돔 땅을 둘러 행하려 하였다가 길로 인하여 백성의 마음이 상하니라 백성이 하나님과 모세를 향하여 원망하되 어찌하여 우리를 애굽에서 인도하여 올려서 이 광야에서 죽게 하는고 이곳에는 식물도 없고 물도 없도다 우리 마음이 이 박한 식물을 싫어하노라 하매 여호와께서 불뱀들을 백성 중에 보내어 백성을 물게 하시므로 이스라엘 백성 중에 죽은 자가 많은지라"(민 21:4-6).

2) 해수면의 열감지기 자료와 범례

신 출애굽 루트 주장자가 이스라엘 백성이 ⓑ아카바 만 홍해 앞 뉴웨이바에서 바다를 건넜다고 주장하는 것은, 영국 해군이 위성에서 촬영한 해수면의 열감지기 사진 자료에 기인한다. 해수면의 열감지기 사진 자료를 보면, 위성에서 찍은 사진 자료가 조잡한데 바다의 깊이에 따라 색깔이 달라진다. 그는 위성에서 열감지기로 ⓑ아카바 만 홍해를 찍은 사진에 적색이 나타나 있는 곳이 얕은 수심이라 말한다. 또한 현 시나이 반도의 ⓑ아카바 만 홍해 바닷가와 이스라엘 백성이 홍해를 건넜다는 바다에만 붉은 적색을 띠었다고 하여 이 부분이 얕은 수심이라고 한다. 그렇다면 현 시나이 반도의 바다 맞은편 사우디아라비아의 동쪽 바닷가에 수심이 얕은 부분에도 붉은 적색이 나타나야 하는데 열감지기 사진 자료에는 적색이 전혀 나타나 있지 않다.

여기 열감지기의 사진 자료 우측에 보면, 범례로 세로 '막대그림표'의 색상과 고단위의 숫자가 기록되어 있다. 이를 보면 100~1,800의 숫자까지 기록되었는데, 100~700 정도는 청색, 700~1,300 정도는 녹색, 1,300~1,500 정도는 황색, 1,500~1,800 정도는 주황색에서 적색으로 올라간다. 자세히 보면 세로 막대그림표에는 적색으로 1,800이라는 숫자가 기록되었다. 신 출애굽 루트 주장자는 동영상의 주장과는 달리 아마 적색에 기록된 숫자가 수심이 깊은 1,800m가 아닐까 싶다. 아니면 영국 해군이 위성에서 촬영했다는 열감지기가 오류로 찍힌 것은 아닐까? *(열감지기 사진 자료)

홍해의 위성사진 자료를 어디에서 수집을 했는지, 혹 정확한 자료인지 의심하지 않을 수 없다. 아마 영국 해군이 위성에서 촬영한 열감지기 사진은 안식일 교인이며 탐험가인 론 와이어트 씨가 수집한 자료가 아닌가 싶다. 그렇다면 위성에서 촬영한 열감지기 사진 자료는 조작된 그림일 가능성이 높다. 그것은 신빙성이 없기 때문이다.

또한 이스라엘 백성이 뉴웨이바에서 맞은편 바다까지 수심이 얕은 바다를 건넜다고 주장하는 단면도(斷面圖)가 영국 해군이 위성에서 찍은 사진을 근거로 그렸다면 이것도 믿기 어려운 일이다. 수집한 자료의 출처가 어디인지 또는 확실한지 묻지 않을 수 없다. 왜냐하면 영국 해군이 과거 위성에서 촬영한 사진과, 구글 어스(Google earth)가

최근 인공위성에서 촬영한 사진을 비교하면, 구글의 지도가 신빙성이 높기 때문이다.

3) 수에즈 만 홍해의 해저를 조사한 결과

ⓐ수에즈 만 홍해는 대체적으로 수심이 낮은 편이다. ⓐ수에즈 만 홍해 끝자락인 북에서 남쪽 방향을 위와 같은 방법으로 수심을 조사한 결과 해변에서부터 1~2m로 시작하여 30~40m, ⓐ수에즈 만 전체 길이(북에서 남)의 바다 중간쯤은 60~70m 정도이고 수심이 깊은 곳은 약 110m 정도가 된다. 남쪽 기존 시내 산이 있는 방향을 향한 바다 중간 이후의 수심은 300m, 600m, 700m로 갈수록 점차 깊어지는 것을 볼 수 있었다. 기존 출애굽 루트는 이스라엘 백성이 ⓐ수에즈 만 끝부분에서 홍해를 통과한 것으로 나타나 있다. 이곳의 수심은 35m 안팎이 된다. 그렇다면 이스라엘이 홍해를 건넌 곳으로 추정하는 바다의 수심은 35m 안팎으로 볼 때 ⓐ수에즈 만 홍해 도하가 유력해졌다.

이로 보아 신 출애굽 루트의 주장자가 수집한 ⓑ아카바 만 홍해의 영국 해군 위성사진은 조작에 가까운 것 같다. 반면에 구글에서 제공하는 구글 어스(Google earth)는 해수면을 중심해

서 해발과 해저 측량에 대한 정확도와 신뢰성은 세계가 인정하는 사실이다.

2. 솔로몬의 기념 기둥과 홍해 해저의 수레바퀴 반증

신 출애굽 루트의 주장자들은 이스라엘 백성이 홍해를 건널 때 ⓑ아카바 만 홍해 앞 비하히롯이라는 뉴웨이바에서 바다를 건넜다고 주장한다. 그들은 증거로 솔로몬이 애굽 시나이 반도의 뉴웨이바와 맞은편 해변 사우디아라비아에 각각 기념 기둥을 세웠다고 자료를 제공한다. 뿐만 아니라 이스라엘을 추격하던 바로의 군대가 홍해를 따라 들어오다가 바다가 회복되어 애굽 군대가 수장된 지역이 뉴웨이바 앞 바다라고 한다. 그것은 론 와이어트의 주장과 같이, 그의 자료를 수집한 신 출애굽 루트 주장자는 해저에서 건져낸 수레바퀴 사진을 제시하고 있다.

1) 아카바 만 홍해 도하의 솔로몬 기념 기둥

신 출애굽 루트 주장자는 현 시나이 반도의 비하히롯이라는 뉴웨이바에 세워진 돌기둥이 솔로몬의 기둥이라고 한다. 그것은 솔로몬이 이스라엘 백성이 ⓑ아카바 만 홍해를 건넌 것을 기념하기 위해 홍해 도하 지역인 애굽과 사우디 맞은편에 각각 돌기둥을 세웠다고 주장한다. 심지어 돌기둥에 출애굽의 기록이 남아 있다고 하지만, 실제로 솔로몬의 돌기둥이라 증거할 만한 아무 기록이 없다. 돌기둥은 화강암으로 로마시대 건축 양식이나 신전 기둥으로 사용된 것에 지나지 않는다. 당시 소아시아에도 흔히 볼 수 있는 돌기둥이라 하겠다. 그럼에도 그 돌기둥을 솔로몬의 기둥이라 하는데, 이는 추측에 불과할 뿐이다.

만약 신 출애굽 루트의 주장대로 솔로몬이 홍해 도하의 기념비로 세운 돌기둥이 사실이라면, 성경에도 뉴웨이바에 돌기둥을 세웠다는 기록이 있어야 한다. 그것은 솔로몬이 ⓑ아카바 만 홍해 끝자락인 에시온 게벨에서 배를 건조한 조선소가 기록된 것처럼(왕상 9:26), 뉴웨이바의 돌기둥도 홍해 도하의 기념비로 성경에 기록되어야 할 것이다.

> "솔로몬 왕이 에돔 땅 홍해 물가 엘롯 근처 에시온 게벨에서 배들을 지은지라"(왕상 9:26).

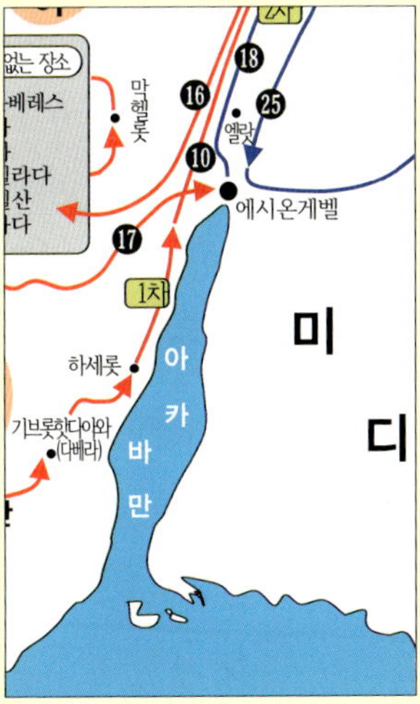

왜냐하면 솔로몬 시대에 에시온 게벨에 배를 건조한 조선소와, 만의 하나 뉴웨이바에 세워진 돌기둥이 사실이라 할 때, 이는 ⓑ아카바 만 홍해를 중심한 두 사건이기 때문이다. 하지만 성경은 홍해를 도하했다는 돌기둥 기념비에 대한 기록이 전혀 없다. 내용적으로 솔로몬이 배를 건조한 조선소는 홍해의 기적과 도하 사건에 비해 큰 비중을 차지하지 못한다. 감히 상상치도 못할 단회적인 홍해의 기적과 도하 사건이 얼마나 웅장하고 거대한 일인가? 그럼에도 솔로몬 당대 조선소는 성경에 기록되었는가 하면, 솔로몬이 건립했다는 홍해 도하 사건에 대한 돌기둥 기념비에 대하여는 성경에 언급조차도 없다. 이로 보아 뉴웨이바의 돌기둥은 날조에 불과함을 성경이 증명해 준다 하겠다.

2) 아카바 만 홍해 해저의 수레바퀴

신 출애굽 루트 주장자는 현 시나이 반도의 뉴웨이바 앞 ⓑ아카바 만 홍해 해저에서 몇 개의 병거 수레바퀴 등을 발견했다고 그의 강연 동영상과 《떨기나무》 저서에서 밝히고 있다. 앞에서 이미 ⓑ아카바 만 홍해 도하가 라암셋에서의 거리와 위치상 맞지 않다고 언급한 바, 그럼에도 굳이 주장한다면 이는 ⓑ아카바 만 홍해를 지나다니는 무역선이 파선한 것일 가능성이 높다 하겠다. 주전 971-970년 솔로몬이 이스라엘 왕으로 즉위한 이후 그의 시대에 ⓑ아카바 만 홍해 끝자락인 에시온 게벨에 배를 건조하는 조선소가 있었다(왕상 9:26).

만의 하나, 뉴웨이바 앞 ⓑ아카바 만 홍해 해저에서 건져낸 물건들이 사실(?)이라면, 이는 당시 ⓑ아카바 만 홍해에서 애굽 군대가 수장되었을 때의 잔해가 아니라, 여호사밧 시대나 아니면 오래전 에시온 게벨에서 페르시아 만을 항해하며 ⓑ아카바 만 홍해를 왕래하던 무역선들이 침몰하여 남긴 것이라 볼 수 있다(왕상 22:48). 뿐만 아니라 홍해와 페르시아 만을 왕래하는 수많은 무역선들 중에 배들이 침몰했다는 가능성을 배제할 수 없다. 침몰선에는 금은보화, 그릇류, 옷감, 생활 도구를 비롯한 온갖 것들이 즐비했을 것이며, 그중에 전쟁

무기와 병거의 수레바퀴 등 품목들이 다양했을 것이다.

"솔로몬 왕이 에돔 땅 홍해 물가 엘롯 근처 에시온 게벨에서 배들을 지은지라"(왕상 9:26).

"여호사밧이 다시스의 선척을 제조하고 오빌로 금을 취하러 보내려 하였더니 그 배가 에시온 게벨에서 파선하였으므로 가지 못하게 되매"(왕상 22:48).

제3부

무함마드 · 쿠란

1. 시내 산의 지리적 위치

신 출애굽 루트에 대하여 성경적 근거와 정황 그리고 과학적으로 살펴본 결과, 사우디아라비아의 라오즈 산 및 고고학 유적이 발견된 지역이 성경에서 언급된 출애굽 루트가 아님이 입증되었다.

제3부에서 추가적으로 '쿠란'(qu ān)을 참고할 필요성이 있다 하겠다. 그것은 모세와 관련된 시내 산 위치가 기록되었기 때문이다. 사전에 언급하지만, 하나님의 계시인 성경과 무함마드(Muhammad)가 알라 신(神)에 의해 기록한 쿠란과는 기독교의 하나님의 계시성에 있어 그 의미가 전혀 다름을 일러둔다. 하지만 지리적 위치는 참고할 만한 가치가 있어 이에 살펴보려고 한다.

시내 산의 지리적 위치를 살펴보자.

쿠란에서 언급하는 시내 산의 위치는 과연 어디인가? 성경은 모세가 양무리를 치다가 호렙 산(시내 산) 떨기나무에서 불꽃을 발견하였다고 한 반면에, 쿠란은 모세가 아내와 여행 중에 불꽃을 발견했다는 차이를 두고 있다. 그러면 독자의 이해를 돕기 위해 쿠란의 구절을 인용하고자 한다. 쿠란에 모세가 불꽃을 발견하고 소명을 받은 장소는,

까싸스 제28장 29절에 "모세가 그 기간을 채우고 그의 가족과 함께 여행을 하던 중에 뚜르 산 방향에서 불을 발견하고 그의 가족에게 말하길 멈추시요 내가 불을 보았나니 내가 그곳으로부터 너희에게 소식을 가져 오리라 아니면 불덩이를 가져와 당신이 따뜻함을 느끼게 하리라"고 하였다.

따하 제20장 12절에 "실로 내가 너의 주님이거늘 너의 신발을 벗으라 너는 성역인 뚜와 계곡에[23] 와 있노라"고 하였고, 뚜르 제52장 1절에 "뚜르 산[24]으로 맹세하사"라고 하였다.

따하 제20장 40절에 "네가 그때에 한 사람을 살해하였으나 하나님[25]은 너를 큰 재앙으로부터 구하고 너를 시험으로부터 구하였노라 미디안 사람들 사이에서 수년 동안 머물다가 명령에 따라 모세 네가 여기 왔노라[26]"고 하였다.

---

23) 뚜와 계곡은 시나이 산 아래 있는 계곡으로 이곳에서 모세가 율법을 계시 받게 되었다.
24) 하나님께서 모세에게 말씀을 하셨던 시나이 산
25) 명지대학교 아랍어 교수며 이슬람 학자 최영길 박사는 '알라'를 '하나님'으로 번역하였다.
26) 그곳(미디안)에서 오랫동안 조용한 생활을 보내게 되었다. 그의 장인 양들을 돌보면서 어느 날 시나이 산 계곡 뚜와(아랍어로는 뚜르)란 계곡에 이르게 되었다.

또한 아래의 구절들은 '뚜르 산'이 '시나이 산'임을 밝히고 있다.

마리아 제19장 52절에 "하나님은 시나이 산 우편에서 그를 불렀으매 신비의 이야기를 나누기 위해 하나님은 그를 가까이 불렀노라"고 하였다.

무으민 제23장 20절에 "시나이 산에서[27] 나무를 자라게 하여 이것을 올리브 기름과 식용 양념을 생산케 하였노라"고 하였고, 틴 제95장 2절에 "시나이 산을[28] 두고 맹세하며"라고 하였다.

'뚜르 산'과 '시나이 산'은 각기 다른 산이 아니라 동일한 산을 혼용하였음을 알 수 있다. 산 이름만 다를 뿐 뚜르 산이 시나이 산이라 밝히고 있다. 그렇다면 '뚜르 산'이 '시나이 산'으로서 시나이 반도에 속해 있다는 것을 말해 준다. 더구나 쿠란은 출애굽한 이스라엘이 장막을 친 시내 산의 위치와 40년간 방랑한 시내 광야 즉 시나이 반도의 결정적인 지리적 위치를 제공하고 있다. 카흐프 제18장 60절에 "모세가 그의 추종자에게 두 바다가 만나는 교차점[29]에 이를 때까지 멈추지 아니할 것이며 수년이라도 계속하리라 말하더라"고 하였다.

여기 "두 바다가 만나는 교차점"이란 지리적으로 영문 철자 브이(V)자 형태인 두 바다로 좌측(서쪽)은 ⓐ수에즈 만 홍해와 우측(동쪽)

27) 모세가 창조주로부터 직접 말씀을 들은 축복받은 산
28) 모세가 하나님의 말씀을 들은 축복받은 산, 나무와 열매가 많은 모든 산들을 씨닌 그리고 씨나이라고 부른다고 카진은 풀이하고 있다.
29) 홍해의 두 줄기가 만나는 곳. 예를 들어 「아까바」와 「수에즈」만을 의미한다. 그것이 시나이 반도를 에워싸고 있으며 모세와 이스라엘 백성이 수십 년간 방황하면서 보낸 곳이다.

은 ⓑ아카바 만 홍해로 갈라진 기존 시내 산이 있는 지점을 말한다. 쿠란에서 불리는 시나이 산, 또는 뚜르 산은 동일한 산으로서 이 산은 시나이 반도에 속한 시내 산이라는 점에 대해서는 의심할 여지가 없다. 그런데 시나이 산(뚜르 산)이 있는 광야를 시나이 반도라고 명기해야 함에도 불구하고, 바까라 제2장 60절과 63절 주석에 「아라비아 사막」, 또는 「아라비아 반도」로 기록한 것은 무엇 때문일까?

바까라 제2장 60절의 주석은 "그 당시 유대인들은 하나의 부족 형태로 40년 동안 '아라비아 사막'을 행진하다가 가나안 땅에서 정착하였다"라고 한다. 바까라 제2장 63절의 주석을 보면, "이스라엘 자손들이여 구약에 있는 대로 너희와 약속을 하였고 '시나이 산'을 너희 안식처가 되게 하였으니 너희는 구약의 율법을 따르고 그 말씀을 기억하라 '시나이 산(뚜-르 씨-니)'은 홍해에 위치하고 '아라비아 반도 사막'에 있는 것으로 하나님께서 모세에게 언급한 산이다. 여기서 십계명과 율법이 모세에게 계시되었다. "그 이래로 지금까지 '모세의 산(자발무사)'이라 불리워지고 있다"고 하였다.

특이한 것은, 시나이 반도를 '아라비아 반도 사막'이라 부르고 있다. 왜, 아라비아 반도 사막이라 하였을까? 그것은 당시 시내 광야(시나이 반도)와 아라비아 반도를 혼용(混用)한 것을 발견할 수 있다. 사실 이슬람교의 경전인 쿠란이나 아랍 학자들도 시나이 산(뚜르 산)의 위치를 기존 시내 산으로 인정을 하고 있다. 하지만 이슬람은 쿠란 주석에 시나이 반도와 아라비아 반도를 번갈아 사용하고 있다. 이는 오랜 시대를 거쳐 연구한 이슬람 학자들이 지리적 위치를 혼동해서 '시나이 산'(시나이 반도), 그리고 '아라비아 반도'라고 주석하지 않았을 것이다. 이슬람교의 쿠란에도 '시나이 산'(시내 산)으로 기록하고 있기 때문이다.

기독교의 구약성경에 시내 광야로 언급한데 반해 이슬람교의 쿠란은 시나이 산, 그리고 주석은 아라비아 광야 또는 시나이 산으로 각기 달리 기록을 하고 있다.

간략히 정리하면, 구약성경은 시내 산(시나이)이 있는 지역을 오늘날 시나이 반도로 호칭한 반면에, 쿠란에는 시나이(시내 산) 산이 있는 지역을 아라비아 반도라 일컬어 각각 반도의 이름을 달리 사용하였음을 알 수 있다. 다시 말해 성경과 쿠란에서는 시내 산이 있는 동일한 지역을 두고 시나이 반도 또는 아라비아 반도로 제각기 사용하였다. 그렇다면 무함마드 이전부터 시나이 산이 있는 지역을 아라비아 반도로 불렀다고 볼 수 있다. 그래서 쿠란의 주석이나 고대로부터 아랍 학자들(주석가)은 아라비아 반도로 기록하여 사용하였던 것 같다.

아래의 지도는 아라비아 반도(미디안)로 시나이 반도의 시내 산까지 포함하고 있다. 필자의 지도를 A.지도, 아래 지도를 B.지도라 하겠다.

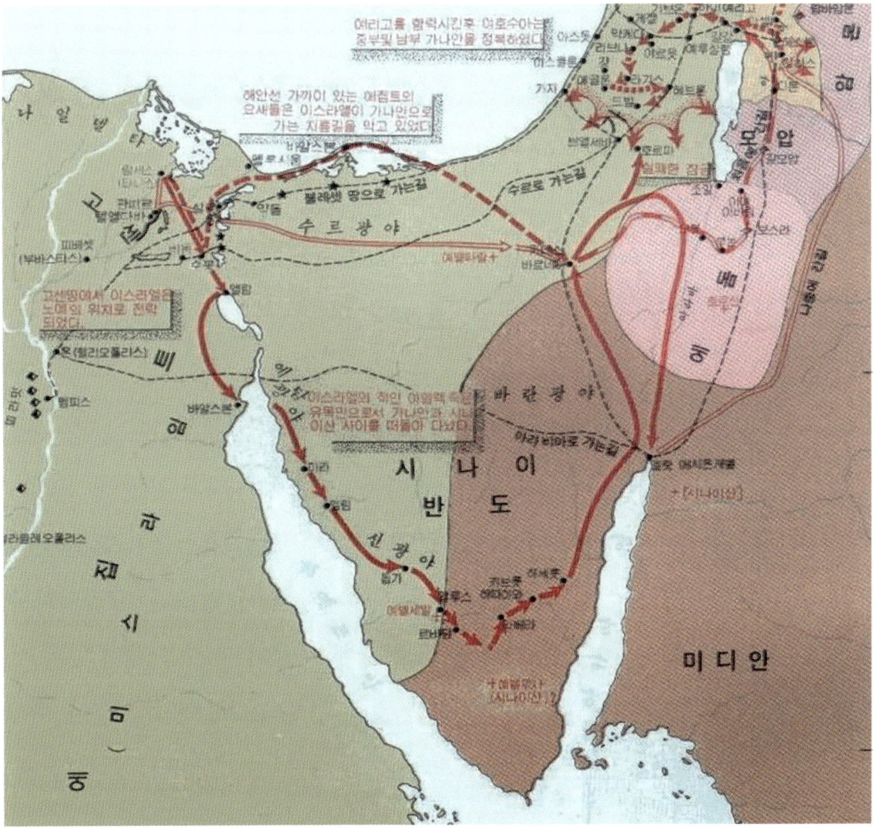

주목해야 할 것은, 신약성경 갈라디아서에 아라비아 광야가 등장한다. 사도 바울은 회심한 직후 ① 예루살렘에 사도들을 방문하지 않고 아라비아 광야 3년의 영적 훈련을 가졌고(갈 1:7), ② 또한 율법과 복음의 차이를 보다 명확히 설명하기 위해 사라와 하갈 즉 계집종 하갈이 자유하는 여자 사라에게 종속되어 있는 것에 비교하여 율법이 복음에 종속되어 있음을 말한다(갈 4:25). 이 비유로 바울은 아라비아에 속해 있는 시내 산을 언급하였다.

"또 나보다 먼저 사도 된 자들을 만나려고 예루살렘으로 가지 아니하고 오직 아라비아로 갔다가 다시 다메섹으로 돌아갔노라"(갈 1:17).

"이 하가는 아라비아에 있는 시내 산으로 지금 있는 예루살렘과 같은 데니 저가 그 자녀들로 더불어 종 노릇하고"(갈 4:25).

여기 갈라디아서에 '아라비아'와 '아라비아에 있는 시내 산'은 동일한 위치와 범위를 말한다. 갈라디아서 1장 17절, 4장 25절과, 그리고 쿠란에 바까라 제2장 60절, 63절을 대조해 보면 시내 산이 있는 곳이 아라비아 광야라 한 것은 하등의 문제가 되지 않는다. 갈라디아서에 '아라비아에 있는 시내 산'과 쿠란에 '시나이 산(시내 산)'이 있는 지역을 '아라비아 반도'라고 지칭한 것은 지리적으로 맥락을 같이 하기 때문이다.

이미 상술한 바, 제2부 제3장 [광야를 각국의 영토로 보는 견해]에서 현, 시나이 반도를 애굽, 미디안, 가나안 각국의 영토로 가정해서 성경의 지리적 위치와 거리로 추적해 보았고, 또한 성경의 구체적인 사례(시나이 반도에서 모세 시대와 사울 시대에 아말렉 족속과 각각 전쟁이 있었다.)를 들었지만 이에 속한 세 국가 중에 어느 국가의 영토가 아닌 방치된 땅, 즉 의식주도 제공하지 못하는 죽음의 땅인 무(無)영토임을 알 수 있었다. 뿐만 아니라 시대마다 전쟁의 역사로 국호(國號)가 바뀌는 각국의 흥망성쇠를 살펴보았다. 그렇다면 모세 시대에서 사도 시대까지는 근 1,500년이라는 기간이 지났다. 이 같은 연대

속에는 모세 시대에 무영토 개념이었던 현, 시나이 반도 역시 많은 변화가 있었을 것이다(참고, B지도).

성경에 언급된 그 중에 하나가 에돔 족속이다. 모세 시대에 사해 바다 남동쪽에 위치했던 에돔 족속은 솔로몬 시대에 와서는 아카바 만 홍해가 있는 에시온 게벨까지 영토를 확장한 것을 볼 수 있다. 열왕기상 9장 26절에 "솔로몬 왕이 에돔 땅 홍해 물 가 엘롯 근처 에시온 게벨에서 배들을 지은지라" 하였고, 역대하 8장 17절에 "때에 솔로몬이 에돔 땅의 바닷가 에시온 게벨과 엘롯에 이르렀더니"라고 하였다.

특히 쿠란은 주후 600년 이후 기록된 바, 시나이 반도에 위치한 시내 산(시나이)을 지리적으로 정확히 언급하고 있다. 다시 보면 카흐프 제18장 60절에 "두 바다가 만나는 교차점"이라 하여 ⓐ수에즈 만 홍해와 ⓑ아카바 만 홍해가 만나는 지점을 말한다. 무함마드가 쿠란을 기록할 당시, 또는 그의 추종자들이 쿠란을 편집할 때 자기네들의 성지로 삼기 위해(신 출애굽 루트를 주장하는 주장자들처럼), 시내 산을 무함마드의 출생지인 아라비아로 왜곡할 수도 있었을 것이다.

하지만 모세가 등정한 시나이 반도에 속한 시내 산(시나이)을 쿠란에 그대로 기록한 것을 보면 시내 산의 지리적 위치가 분명하다 하겠다. 이로 보아 성경에서 기존 시내 산이 있는 지역을 시내 광야(시나이 반도)로 부른 것과 쿠란에서 시나이 산이 있는 지역을 아라비아 반도로 표기한 것은 서로가 달리 표현、혼용하였을 뿐이다.

또한 솔로몬의 전성시대에 이웃 국가의 왕들이 금은보화를 헌납하였고 아라비아 왕들과 나라의 방백들도 금을 바쳤다고 한다(왕상 10:14, 15). 그렇다면 아라비아는 솔로몬 시대 이전부터 형성된 국가로 성경에는 아라비아 국명이 처음으로 등장한다. 솔로몬 당시 아라비아가 점차 세력(영토)을 확장해 간 것을 볼 수 있다. 그것은 아라비아에 여러 왕들이(왕상 10:15) 다스렸다는 것을 보아서 훗날 사도 시대까지 영향을 주었으리라 본다. 사도 시대에는 시나이 광야를 아라비아

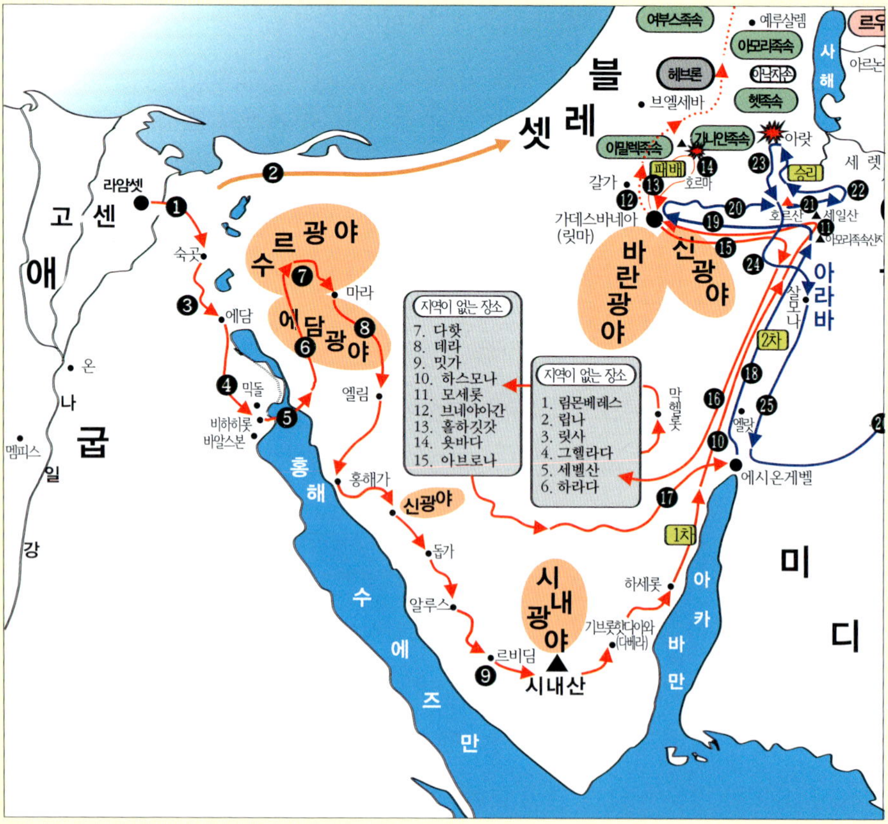

광야로 불렸던 것 같다(참고, B지도). 그래서 바울은 '아라비아에 있는 시내 산'이라 하지 않았을까?

이제 시내 산의 지리적 위치를 정리해 보자. 신 출애굽을 주장하는 자들은 사우디아라비아의 라오즈 산이 시내 산이라 말한다. 그것은 라오즈 산 주변에 출애굽 루트의 산물과 유사한 고고학적 증거들이 발견됨에 따라 사우디아라비아가 확실하다며 주장하고 있다.

하지만 아라비아가 주 활동 무대였던 무함마드는 신 출애굽을 주장하는 자들과는 달리 쿠란에 시내 산 지역이 시나이 반도(아라비아 반도와 혼용)라고 언급하고 있다. 그것은 모세가 십계명과 율법을 하나님께 하사받은 산이 시나이 산이라 기록했기 때문이다. 그러나 신 출애굽 루트를 주장하는 사우디아라비아의 라오즈 산과 쿠란에 명시된 시나이 산(뚜르 산)은 두 산의 이름이 전혀 다르다. 뿐만 아니라 라오즈 산과 시나이 산의 지리적 위치는 서로 동떨어져 있다.

결정적으로 쿠란에 기록된 시나이 산은 지리적 위치가 분명하다. 이슬람교는 시내 산의 위치가 시나이 반도에 있음을 쿠란을 통해 믿고 있다. 다시 말해 이슬람의 경전 쿠란에 시내 산 위치를 분명히 언급했기 때문이다. 이미 상술한 바, 카흐프 제18장 60절에 "두 바다가 만나는 교차점"이라는 데에서 신 출애굽 루트를 주장하는 어느 누구도 변명할 여지가 없다 하겠다. 이는 ⓐ수에즈 만 홍해와 ⓑ아카바 만 홍해 사이에 위치하는 시나이 반도의 기존 시내 산을 말하기 때문이다.

결론

성경적으로 출애굽 루트의 역사적인 사실에 대한 진위를 살펴보았다. 민수기 33장을 근거하여 출애굽한 이스라엘 백성이 장막을 친 경로를 요약하면, 시내 산과 시나이 반도, 시내 산과 르비딤과의 거리, 에담과 수에즈 만 홍해 방향, 애굽 앞 수르 광야, 아말렉과의 전투 지역, 미디안과의 전쟁 승리, 호렙 산에서 가데스까지의 열하룻길, 가나안 및 유다 남부의 경계에 속한 가데스, 가나안 남부 지역에서의 활동 등 이에 관련된 성경의 전반적인 구절과 지리적 위치와 장소, 그리고 과학적인 거리와 두 홍해의 수심을 통해 성경에 근거된 출애굽 루트를 심도 있게 살펴보았다. 하지만 모세가 도피한 '미디안'

지역과 그곳에서의 생활[30]을 제외하고는 성경 한 구절이라도 사우디 아라비아에 라오즈 산이 시내 산이라든지 수르 광야라든지 또는 옛 유적(유물)에 대하여 인정할 만한 것은 없다.

실로 성경에 근거한 유물과 유적은 학술적으로나 기독교 학계에서도 귀중한 자료로 평가받고 그 가치를 가진다. 그러나 성경에 근거도 없는 애매모호한 신 출애굽 루트 주장은 신중해야 한다. 그것은 고고학 자료가 성경을 대신할 수는 없기 때문이다. 신 출애굽 루트의 주장자들이 주장하는 사우디아라비아의 라오즈 산을 중심한 주변의 일반 고고학 자료를 바탕으로 한 신 출애굽 루트는 허상에 불과하다. 성경에 근거도 없는 라오즈 산이 마치 시내 산인 것처럼 왜곡하거나 그 주변 고고학 유적을 출애굽 루트의 산물로 보는 행위는 바람직하지 못하다. 사우디아라비아의 시대적·일반적 역사의 현장이 출애굽한 이스라엘에 대한 하나님의 역사를 바꿀 수는 없다.

만에 하나, 확실하지도 않은 유물이나 유적 때문에 진실한 하나님의 말씀이 가려지거나 묻혀 버려서는 안 될 일이다. 그것은 신 출애굽 루트의 주장을 자칫 하나님의 말씀보다 우위에 둘 수 있기 때문

30) 모세는 십보라와 결혼하여 미디안에서 40년간 생활하던 중 그의 아내와 장인, 그리고 처 식구에게 그가 애굽의 왕자였다는 것과 애굽의 문화를 얘기했을 것이고 또한 시간이 흐름에 따라 이웃에 전해져 그 지역 미디안 사람들이 애굽의 문화적인 것들을 암각화했을 가능성도 배제할 수는 없다.
미디안에 모세의 생활의 흔적이 있을 수는 있겠으나 그렇다고 그곳이 모세와 이스라엘이 40년간 방랑했다는 근거나 라오즈 산이 시내 산이라는 확실한 증거도 성경에 없는, 이는 단지 추론일 뿐이다.

이다. 다시 말해 하나님의 말씀은 정확무오하다는 사실이다. 성경은 하나님의 반석을 모방한 마귀의 반석이, 하나님의 반석을 결코 이길 수 없음을 스스로 알고 있다. "대적의 반석이 우리의 반석과 같지 못하니 대적도 스스로 판단하도다"(신 32:31).

그러므로 독자는 실상을 보아야 한다. 실상(성경)은 보지 못하고 허상(고고학)만 보는 안타까움이 되어서는 안 될 것이다. 성경은 자취도 중요하지만 실체·내용인 구속사가 더 중요하다. 구약은 실체 되신 그리스도에게 이끄는 몽학 선생에 불과하다. 우리의 구원의 주가 되시는 예수 그리스도는 무엇보다도 최대, 최고, 최상의 분이심을 잊지 말아야 한다.

성경에서 본 출애굽 루트

♣ 특허청에 특허 등록된 지도(등록 제30-0854431호)

출애굽 루트의 핵심 성구

▶ ➊~㉞는 출애굽 루트의 주된 부호이며, 〔 〕표 안의 부호는 경로가 중첩되거나 생략된 지역을 추가·보완한 성구임을 일러둔다.
▶ 민수기 33장은 이스라엘이 광야에서 40년간 장막을 치고 주둔한 장소이다. 이에 참고하라.

1. 출애굽 초기 1차 가데스 방향

❶ "이스라엘 자손이 라암셋에서 발행하여 숙곳에 이르니 유아 외에 보행하는 장정이 육십만 가량이요"(출 12:37).

❷ 〔❸〕"블레셋 사람의 땅의 길은 가까울지라도 하나님이 그들을 그 길로 인도하지 아니하셨으니 이는 하나님이 말씀하시기를 이 백성이 전쟁을 보면 뉘우쳐 애굽으로 돌아갈까 하셨음이라 하나님이 홍해의 광야 길로 돌려 백성을 인도하시매"(출 13:17, 18).

❸ "그들이 숙곳에서 발행하여 광야 끝 에담에 장막을 치니 여호와께서 그들 앞에 행하사 낮에는 구름기둥으로 그들의 길을 인도하시고 밤에는 불기둥으로 그들에게 비취사 주야로 진행하게 하시니 낮에는 구름기둥, 밤에는 불기둥이 백성 앞에서 떠나지 아니하니라"(출 13:20-22).

❹ "이스라엘 자손을 명하여 돌쳐서 바다와 믹돌 사이의 비하히롯 앞 곧 바알스본 맞은편 바다가에 장막을 치게 하라"(출 14:2)
"숙곳에서 발행하여 광야 끝 에담에 진쳤고 에담에서 발행하여 바알스본 앞 비하히롯으로 돌아가서 믹돌 앞에 진쳤고"(민 33:6, 7).

❺ 〔❻~❼〕"하히롯 앞에서 발행하여 바다 가운데로 지나 광야에 이르고"(민 33:8 상반절).

❻ 〔❼〕"하히롯 앞에서 발행하여 바다 가운데로 지나 광야에 이르고 에담 광야로 삼일 길쯤 들어가서 마라에 진쳤고"(민 33:8).

❼ "모세가 홍해에서 이스라엘을 인도하매 그들이 나와서 수르 광야로 들어가서 거기서 사흘 길을 행하였으나 물을 얻지 못하고"(출 15:22).

❽ "그들이 엘림에 이르니 거기 물샘 열둘과 종려 칠십 주가 있는지라 거기서 그들이 그 물 곁에 장막을 치니라"(출 15:27).

"마라에서 발행하여 엘림에 이르니 엘림에는 샘물 열둘과 종려 칠십 주가 있으므로 거기 진쳤고"(민 33:9).

"엘림에서 발행하여 홍해 가에 진쳤고 홍해 가에서 발행하여 신 광야에 진쳤고 신 광야에서 발행하여 돕가에 진쳤고 돕가에서 발행하여 알루스에 진쳤고 알루스에서 발행하여 르비딤에 진쳤는데 거기는 백성의 마실 물이 없었더라"(민 33:10-14).

❾ "이스라엘 자손의 온 회중이 여호와의 명령대로 신 광야에서 떠나 그 노정대로 행하여 르비딤에 장막을 쳤으나 백성이 마실 물이 없는지라"(출 17:1).

"그들이 르비딤을 떠나 시내 광야에 이르러 그 광야에 장막을 치되 산 앞에 장막을 치니라"(출 19:2).

❿ 〔⓫〕"시내 광야에서 발행하여 기브롯핫다아와에 진쳤고 기브롯핫다아와에서 발행하여 하세롯에 진쳤고"(민 33:16,17).

"호렙 산에서 세일 산을 지나 가데스 바네아에까지 열하룻길이었더라"(신 1:2).

"우리 하나님 여호와께서 우리에게 명하신 대로 우리가 호렙 산에서 발행하여 너희의 본 바 크고 두려운 광야를 지나 아모리 족속의 산지 길로 가데스 바네아에 이른 때에"(신 1:19).

⓫ "방향을 돌려 진행하여 아모리 족속의 산지로 가고 그 근지 곳곳으로 가고"(신 1:7).

"내가 너희에게 이르기를 우리 하나님 여호와께서 우리에게 주신 아모리 족속의 산지에 너희가 이르렀나니"(신 1:20).

"그 산지에 거하는 아모리 족속이 너희를 마주 나와서 벌떼같이 너희를 쫓아 세일 산에서 쳐서 호르마까지 미친지라"(신 1:44).

⓬ 〔⓫〕"하세롯에서 발행하여 릿마(가데스의 옛 이름)에 진쳤고"(민 33:18).

"이에 그들이 올라가서 땅을 탐지하되 신 광야에서부터 하맛 어귀 르홉에 이르렀고"(민 13:21).

"바란 광야 가데스에 이르러 모세와 아론과 이스라엘 자손의 온 회중에게 나아와 그들에게 회보하고 그 땅 실과를 보이고"(민 13:26).

"너희가 그 땅을 탐지한 날수 사십 일의 하루를 일 년으로 환산하여 그 사십 년간 너희가 너희의 죄악을 질지니 너희가 나의 싫어 버림을 알리라 하셨다 하라"(민 14:34).

⑬ (⑮)"여호와께서 너희를 가데스 바네아에서 떠나게 하실 때에 이르시기를 너희는 올라가서 내가 너희에게 준 땅을 얻으라 하시되 너희가 너희 하나님 여호와의 명령을 거역하여 믿지 아니하고 그 말씀을 듣지 아니하였나니"(신 9:23).

"너희는 회정하여 홍해 길로 하여 광야로 들어갈지니라 하시매 너희가 대답하여 내게 이르기를 우리가 여호와께 범죄하였사오니 우리 하나님께서 우리에게 명하신 대로 우리가 올라가서 싸우리이다 하고 너희가 각각 병기를 띠고 경솔히 산지로 올라가려 할 때에"(신 1:40, 41).

"아침에 일찍이 일어나 산꼭대기로 올라가며 가로되 보소서 우리가 여기 있나이다 우리가 여호와의 허락하신 곳으로 올라가리니 우리가 범죄하였음이니이다"(민 14:40).

⑭ "그들이 그래도 산꼭대기로 올라갔고 여호와의 언약궤와 모세는 진을 떠나지 아니하였더라 아말렉 인과 산지에 거하는 가나안 인이 내려와 쳐서 파하고 호르마까지 이르렀더라"(민 14:44, 45).

⑮ "…너희는 내일 돌이켜 홍해 길로 하여 광야로 들어갈지니라"(민 14:25).

"너희는 회정하여 홍해 길로 하여 광야로 들어갈지니라 하시매"(신 1:40).

⑯ "릿마(가데스의 옛 이름)에서 발행하여 림몬베레스에 진쳤고"(민 33:19).

2. 출애굽 말기 2차 가데스 방향

⑰ "아브로나에서 발행하여 에시온 게벨에 진쳤고"(민 33:35).

⑱ (⑲)"에시온 게벨에서 발행하여 신 광야 곧 가데스에 진쳤고"(민 33:36).

"우리가 여호와께 부르짖었더니 우리 소리를 들으시고 천사를 보내사 우리를 애굽에서 인도하여 내셨나이다 이제 우리가 당신의 변방 모퉁이 한 성읍 가데스에 있사오니"(민 20:16).

⑲ "이는 신 광야에서 회중이 분쟁할제 너희가 내 명을 거역하고 그 물가에서 나의 거룩함을 그들의 목전에 나타내지 아니하였음이니라 이 물은 신 광야 가데스의 므리바 물이니라"(민 27:14).

"정월에 이스라엘 자손 곧 온 회중이 신 광야에 이르러서 백성이 가데스에 거하더니 미리암이 거기서 죽으매 거기 장사하니라"(민 20:1).

⑳ "이스라엘 자손 곧 온 회중이 가데스에서 진행하여 호르 산에 이르렀더니"(민 20:22).

㉑ (㉒~㉙)"모세가 가데스에서 에돔 왕에게 사자를 보내며 이르되 당신의 형제 이스라엘의 말에 우리의 당한 모든 고난을 당신도 아시거니와"(민 20:14).

"이스라엘이 사자를 에돔 왕에게 보내어 이르기를 청컨대 나를 용납하여 네 땅 가운데로 지나게 하라 하였으나 에돔 왕이 이를 듣지 아니하였고 또 그같이 사람을 모압 왕에게 보내었으나 그도 허락지 아니하므로 이스라엘이 가데스에 유하였더니"(삿 11:17).

"우리가 세일 산에 거하는 우리 동족 에서의 자손을 떠나서 아라바를 지나며 엘랏과 에시온 게벨 곁으로 지나 행하고 돌이켜 모압 광야 길로 진행할 때에"(신 2:8).

㉒ "남방에 거하는 가나안 사람 곧 아랏의 왕이 이스라엘이 아다림 길로 온다 함을 듣고 이스라엘을 쳐서 그 중 몇 사람을 사로잡은지라"(민 21:1).

"가나안 땅 남방에 거한 가나안 사람 아랏 왕이 이스라엘의 옴을 들었더라"(민 33:40).

㉓ (㉒)"여호와께서 이스라엘의 소리를 들으시고 가나안 사람을 붙이시매 그들과 그 성읍을 다 멸하니라 그러므로 그곳 이름을 호르마라 하였더라"(민 21:3).

㉑ (㉕)"여호와께서 에돔 땅 변경 호르 산에서 모세와 아론에게 말씀하시니라 가라사대"(민 20:23).

"백성이 호르 산에서 진행하여 홍해 길로 좇아 에돔 땅을 둘러 행하려 하였다가 길로 인하여 백성의 마음이 상하니라"(민 21:4).

"가데스에서 발행하여 에돔 국경 호르 산에 진쳤더라 이스라엘 자손이 애굽 땅에서 나온 지 사십년 오월 일일에 제사장 아론이 여호와의 명으로 호르 산에 올라가 거기서 죽었으니"(민 33:37, 38).

"그들이 호르 산에서 발행하여 살모나에 진쳤고"(민 33:41).

㉕ (㉑~㉙)"우리가 세일 산에 거하는 우리 동족 에서의 자손을 떠나서 아라바를 지나며 엘랏과 에시온 게벨 곁으로 지나 행하고 돌이켜 모압 광야 길로 진행할 때에"(신 2:8).

㉖ "백성이 호르 산에서 진행하여 홍해 길로 좇아 에돔 땅을 둘러 행하려 하였다가 길로 인하여 백성의 마음이 상하니라"(민 21:4).

"그 후에 광야를 지나 에돔 땅과 모압 땅을 둘러 행하여 모압 땅 동편에서부터 와서 아르논 저편에 진쳤고 아르논은 모압 경계이므로 그 경내에는 들어가지 아니하였으며"(삿 11:18).

㉗ "이스라엘 자손이 진행하여 오봇에 진쳤고"(민 21:10).

"부논에서 발행하여 오봇에 진쳤고"(민 33:43).

㉘ "거기서 진행하여 세렛 골짜기에 진쳤고"(민 21:12).

"이제 너희는 일어나서 세렛 시내를 건너가라 하시기로 우리가 세렛 시내를 건넜으니 가데스 바네아에서 떠나 세렛 시내를 건너기까지 삼십팔 년 동안이라 이때에는 그 시대의 모든 군인들이 여호와께서 그들에게 맹세하신 대로 진중에서 다 멸절되었나니"(신 2:13, 14).

㉙ 〔㉖~㉘〕"그 후에 광야를 지나 에돔 땅과 모압 땅을 둘러 행하여 모압 땅 동편에서부터 와서 아르논 저편에 진쳤고 아르논은 모압 경계이므로 그 경내에는 들어가지 아니하였으며"(삿 11:18).

"거기서 진행하여 아모리 인의 지경에서 흘러 나와서 광야에 이른 아르논 건너편에 진쳤으니 아르논은 모압과 아모리 사이에서 모압의 경계가 된 것이라"(민 21:13).

㉚ "알몬디블라다임에서 발행하여 느보 앞 아바림 산에 진쳤고"(민 33:47).

"너는 여리고 맞은편 모압 땅에 있는 아바림 산에 올라 느보 산에 이르러 내가 이스라엘 자손에게 기업으로 주는 가나안 땅을 바라보라"(신 32:49).

"모세가 모압 평지에서 느보 산에 올라 여리고 맞은편 비스가 산 꼭대기에 이르매 여호와께서 길르앗 온 땅을 단까지 보이시고"(신 34:1).

㉛ 〔㉙~㉚〕"너희는 일어나 진행하여 아르논 골짜기를 건너라 내가 헤스본 왕 아모리 사람 시혼과 그 땅을 네 손에 붙였은즉 비로소 더불어 싸워서 그 땅을 얻으라"(신 2:24).

㉜ "돌이켜 바산 길로 올라가매 바산 왕 옥이 그 백성을 다 거느리고 나와서 그들을 맞아 에드레이에서 싸우려 하는지라"(민 21:33).

"우리가 돌이켜 바산으로 올라가매 바산 왕 옥이 그 모든 백성을 거느리고 나와서 우리를 대적하여 에드레이에서 싸우는지라"(신 3:1).

㉝ "때는 모세가 헤스본에 거하는 아모리 왕 시혼을 쳐 죽이고 에드레이에서 아스다롯에 거하는 바산 왕 옥을 쳐 죽인 후라"(신 1:4).

㉞ "이스라엘 자손이 또 진행하여 모압 평지에 진 쳤으니 요단 건너편 곧 여리고 맞은편이더라"(민 22:1).

"아바림 산에서 발행하여 여리고 맞은편 요단 가 모압 평지에 진쳤으니 요단 가 모압 평지의 진이 벧여시못에서부터 아벨싯딤에 미쳤었더라"(민 33:48, 49).

"이스라엘이 싯딤에 머물러 있더니 그 백성이 모압 여자들과 음행하기를 시작하니라"(민 25:1).

참고문헌

- 강병도 편, 《호크마 종합주석》, 기독지혜사, 1994.
- 김승학, 《떨기나무》, 두란노서원, 2007.
- ______, 《떨기나무 2권》, 생명의말씀사, 2014.
- 김용선 역주, 《코란》, 명문당, 2002.
- 이병철 편저, 바이블렉스 9.0 CD 《성경원어해석 대사전》, 브니엘 성경 연구소, 2015.
- 정인찬 편, 《성서 대백과사전》, 기독지혜사, 1985.
- 최영길 역, 《성꾸란》, 파하드 국왕성 꾸란출판청, 이슬람역 1417년.
- 조오지 V. 위그램, 김만풍 역, 《구약 성구 사전》, 기독교 문화사, 1983.
- 존 길크리스트(John Gilchrist), 전병희 역, 《꾸란과 성경의 비교 연구》, 서로사랑, 2010.
- 《마스터 성경》, 성서교재간행사, 편찬위원회, 1990.
- 《성경전서 개역판》, 대한성서공회, 1962.
- 《성경전서 개역개정판》, 대한성서공회, 2005.
- 《그랜드 종합주석》, 성서교재간행사, 제자원, 1991.
- 《헌법》, 대한예수교장로회(합신) 총회교육부, 2007.

- 구글 어스(Google Earth) 위성사진, 2015.

성경에서 본 출애굽 루트

1판 1쇄 인쇄 _ 2016년 7월 25일
1판 1쇄 발행 _ 2016년 7월 30일

지은이 _ 장관흥
펴낸이 _ 이형규
펴낸곳 _ 쿰란출판사

주소 _ 서울특별시 종로구 이화장길 6
편집부 _ 745-1007, 745-1301~2, 747-1212, 743-1300
영업부 _ 747-1004, FAX 745-8490
본사평생전화번호 _ 0502-756-1004
홈페이지 _ http://www.qumran.co.kr
E-mail _ qrbooks@daum.net / qrbooks@gmail.com
한글인터넷주소 _ 쿰란, 쿰란출판사
등록 _ 제1-670호(1988.2.27)
책임교열 _ 오완

 ISBN 978-89-6562-913-9 93230

책값은 뒤표지에 있습니다.

파본(破本)은 구입처에서 교환해 드립니다.